近江旅の本

近江路花歩き

花を楽しむ日帰り健康ハイク

滋賀県は広大な琵琶湖を中心に、四囲には比叡《ひえい》、比良《ひら》、野坂、伊吹、鈴鹿などの山並が連なっています。また、古くから大和や京の都の玄関口として、歴史上重要な位置を占め、東国や北国から京に通じる多くの街道が通っています。

このような山川草木の豊かな自然と多くの人の往来は、淡《おう》海《み》の国・滋賀に独特の文化的自然景観を生み出してきました。

本書を『友垣《ともがき》』として、近江の路を巡りながら、四季の花歩きを楽しんでみてはいかがですか。

近江路花歩きの会

CONTENTS

目次

近江路花歩き

花を楽しむ日帰り健康ハイク

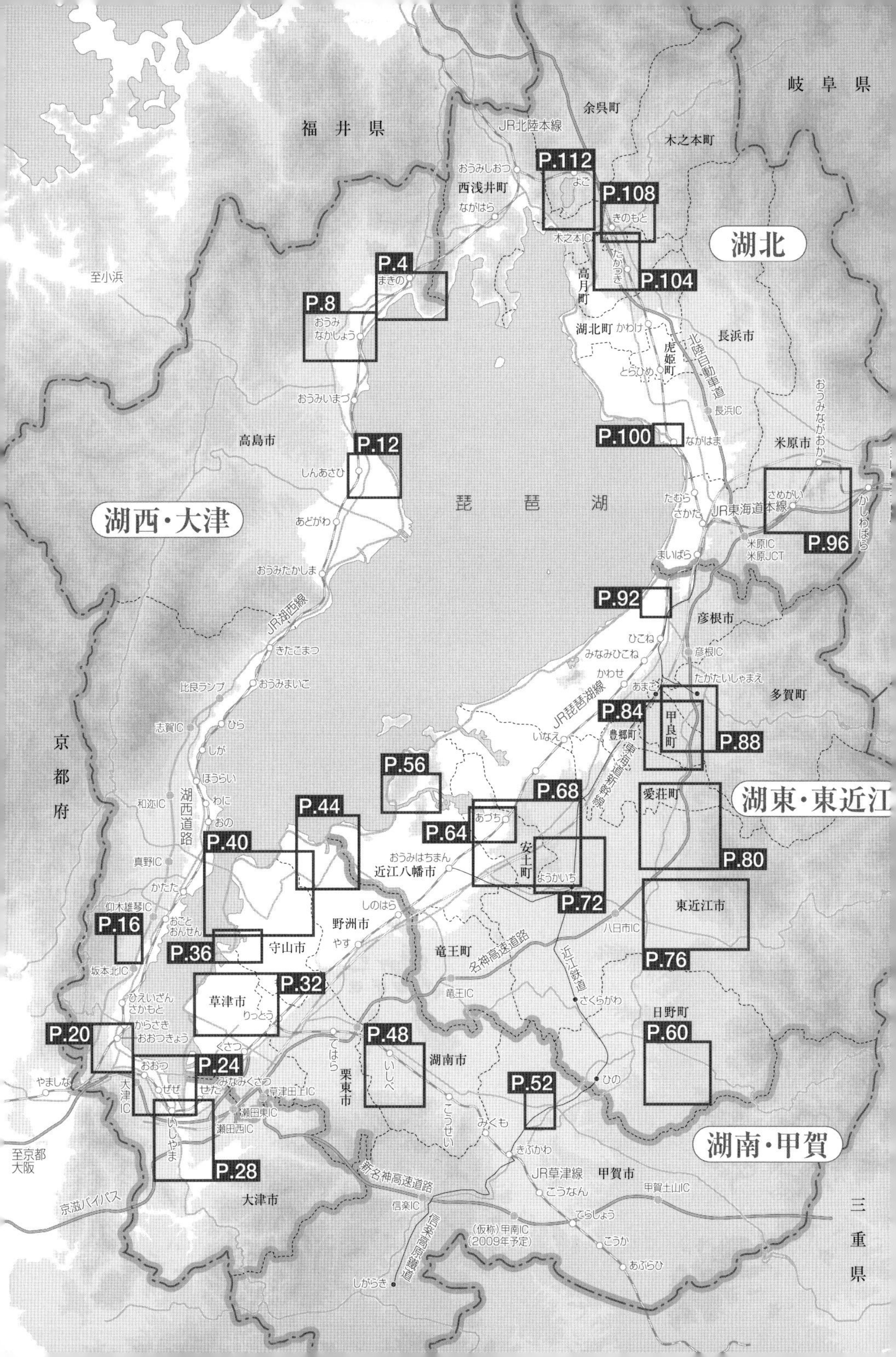
岐阜県
福井県
余呉町
JR北陸本線
木之本町
P.112
よご
おうみしおつ
西浅井町
P.108
きのもと
ながはら
湖北
木之本IC
P.4
まきの
たかつき
高月町
P.104
至小浜
P.8
おうみなかしょう
湖北町
かわけ
虎姫町
長浜市
北陸自動車道
とらひめ
おうみいまづ
長浜IC
おうみながおか
P.100
ながはま
高島市
P.12
しんあさひ
米原市
琵琶湖
たむら
さかた
さめがい
JR東海道本線
かしわばら
湖西・大津
あどがわ
米原IC
米原JCT
P.96
まいばら
おうみたかしま
P.92
JR湖西線
彦根市
ひこね
きたこまつ
みなみひこね
彦根IC
かわせ
比良ランプ
おうみまいこ
たがたいしゃまえ
あまご
多賀町
JR琵琶湖線
P.84
甲良町
豊郷町
ひら
志賀IC
P.88
いなえ
京都府
しが
東海道新幹線
P.56
ほうらい
P.68
愛荘町
湖東・東近江
湖西道路
和迩IC
わに
P.44
あづち
P.64
おの
安土町
P.40
おうみはちまん
近江八幡市
P.80
真野IC
ようかいち
P.72
かたた
しのはら
東近江市
仰木雄琴IC
野洲市
八日市IC
P.16
おごとおんせん
名神高速道路
P.36
守山市
やす
竜王町
近江鉄道
坂本北IC
P.76
P.32
ひえいざんさかもと
草津市
竜王IC
りっとう
さくらがわ
からさき
日野町
P.20
おおつきょう
てはら
P.48
P.60
くさつ
湖南市
おおつ
P.24
大津IC
いしべ
栗東市
やましな
ぜぜ
みなみくさつ
草津田上IC
せた
ひの
P.52
瀬田東IC
瀬田西IC
こうせい
みくも
いしやま
湖南・甲賀
至京都大阪
P.28
きぶかわ
新名神高速道路
JR草津線
甲賀市
こうなん
甲賀土山IC
京滋バイパス
大津市
信楽IC
三重県
てらしょう
信楽高原鐵道
(仮称)甲南IC
(2009年予定)
こうか
あぶらひ
しがらき

⬆海津大崎の桜と竹生島

海津大崎と海津天神社

桜花爛漫の湖西・奥琵琶湖を歩く

●高島市

約8km　約5時間

春

JRマキノ駅❶で下車し、駅前通りを琵琶湖に向けて進む。モミジバフウの並木が美しい県道54号を横切り、しばらく行くと目の前に砂浜が広がる。マキノサニービーチである。湖岸道路を左に折れて浜沿いに行くと大きくカーブした所に川があり、橋の手前に真宗大谷派**誓《せん》行寺《ぎょうじ》**❷がある。石積みの塀の上には丸く剪定されたイチイが植えられている。お寺の東側の川に沿って、サクラと2本のクスノキの大木の間を通って10mほど行くと、本堂の裏側の小高いところにイブキの古木が2本あるのがみえる。左方の川の上にしっかりとした川床が設けら

⬆国の重要文化的景観に選定された海津の石積み護岸とケヤキ

⬆誓行寺のイブキ

れているので、そこから観察するとよい。

もとの道にもどり、３００ｍほど行くと左手に「清酒竹生嶋《ちくぶしま》」の看板が見え、その反対側、石積みが続く湖岸にケヤキの大木❸が枝を広げている。さらに５００ｍほど進み、海津《かいづ》の町並を抜けると、県道５５７号❹に合流する。右折して10ｍほど歩き、湖岸に下りるとすぐ右方にケヤキの大木、また遠くにもこんもりしたケヤキの大木が２本見える。これらの木はかつて湖上交通の目標にされていたという。

再び県道にもどり、桜並木に沿って進む。湖岸側に「左海津大崎１・８㎞、右ＪＲマキノ駅２・２㎞」と記された道標がある。桜ははじめ湖岸側に並木が続く。防雪トンネルを経て行くと道路の両側にみられるようになり、桜のトンネルである。海津大崎の桜並木は「日本さくら名所１００選」に選ばれており、大勢の花見客が訪れる。**海津大崎**❺から先も桜並木はまだまだ続くが、大崎観音から奥琵琶湖の眺めを見た後、もと来た県道を引き返す。

海津集落との出合い❹からしばらく行くと、右方にクロマツが美しい真宗大谷派**願慶寺《がんきょうじ》**❻がある。石段を上がると、鐘楼の近くに紅梅の古木があり、近くにはこの梅を詠んだ井伊《いい》直弼《なおすけ》の歌碑がある。願慶寺からさらに２００ｍほど行くと国道１６１号の海津信号❼に出る。ここで右折し、３００ｍほど行き、坂道になる手前の「清水《しょうず》の桜」の案内にしたがって、左の細い脇道を進むと墓地がある。その傍らに**清水の桜**❽と呼ばれるエ

⬆ムクロジの花

⬆願慶寺の紅梅

ドヒガンの古木がある。3～4分咲きの頃が最も紅色が鮮やかである。

もと来た道を引き返し、国道161号に出て600mほど行くと点滅信号❾がある。ここで右折して直進すると真言宗智山派宝幢院《ほうどういん》の末寺**宗正寺**《そうしょうじ》❿にたどりつく。本尊は重要文化財の木造十一面観音坐像である。前庭の両側にはイチョウ、サクラ、スギなどが植えられている。本堂横の建物の奥には、種子を羽根つきの球にするムクロジが1本生育している。

お寺の前の農道を右折して200mほど行くと**海津天**《かいづてん》**神社**⓫がある。鳥居をくぐると参道の左にクロマツ、右にアカマツの老樹が枝を低く伸ばしている。また、右前方にはウメの木があり、石段を上がった拝殿の横に

植物豆知識

清水の桜

樹種はエドヒガン（別名アズマヒガン）で、4月上旬、葉に先んじて紅色～白色の花をつける。長寿の桜で知られ、岐阜県根尾谷の薄墨桜をはじめ、各地に巨樹・名木がある。県内では高島市内の百瀬川、境川（酒波谷）、石田川流域などで自生している。本樹は水上勉の小説『桜守』に登場する名木で、加賀前田藩の歴代藩主が上洛の折、何度も見返したことから「見返りの桜」とも呼ばれ、県自然記念物に指定されている。

清水の桜（エドヒガン）

⬆建ち並ぶ社殿とご神木・シラカシ

⬆松が美しい海津天神社

はクスノキやスギの大木、ヒイラギの老木、サカキなどがある。ご神木はシラカシで、注連《しめ》縄が張られている。境内には天神社のほか大鍬《おおくわ》神社、小野神社など11社が祀られ、毎年4月29日に行われる春の例祭（海津力士まつり）には相撲の化粧回しをつけた若衆が神輿を担いで練り歩く。中央の社殿にはたくさんの絵馬が掛けられ、拝殿の軒下には子どもたちの習字が奉納されている。

ここからＪＲマキノ駅までは国道１６１号を進み、湖西線の高架の手前で左折すればすぐである。

（中村）

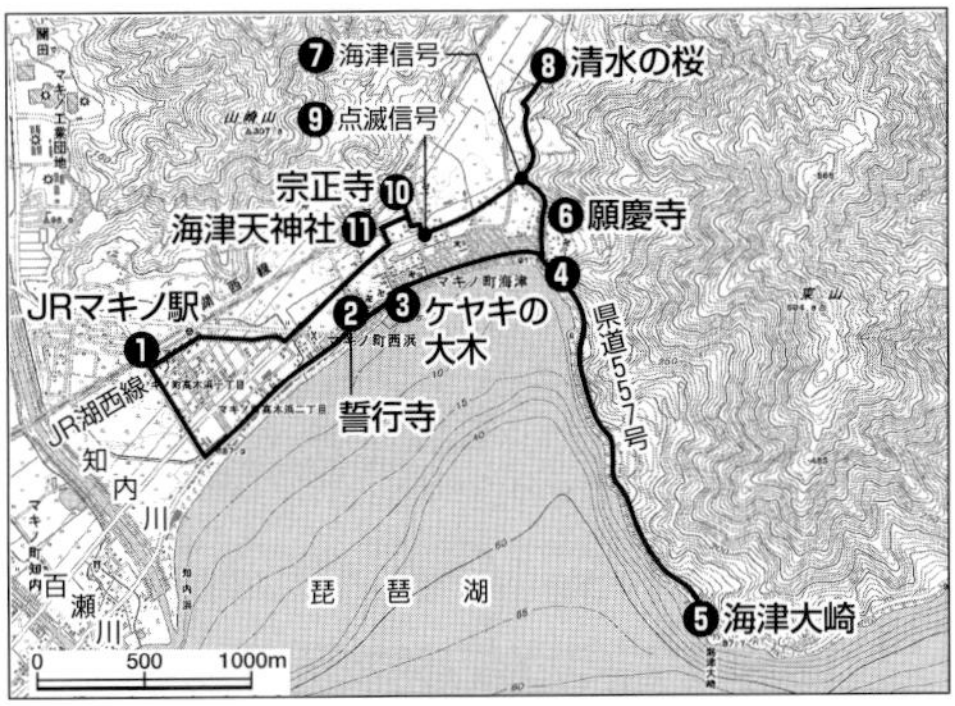

アクセス

行き帰りとも：JR湖西線マキノ駅

問い合わせ

マキノ町観光協会	☎0740-28-1188
琵琶湖汽船今津営業所	☎0740-22-1747
海津天神社	☎0740-28-0058

周辺観光ガイド

マキノピックランド（メタセコイア並木）	☎0740-28-0058

その他

・海津大崎には食事処がある。
・４月には海津漁港や海津大崎から花見船が出航している。

⬅酒波寺の「行基桜」

酒波寺と深清水

●高島市

桜の古木をたずねて今津町酒波・深清水界隈を歩く

約7km　4時間

春秋

JR近江今津駅から、湖国バスで「総合運動公園」行に乗車して、「酒波《さなみ》口」バス停❶で下車し、北に向かって15分ほど歩けば**酒波寺**❷に着く。酒波寺には4月から7月までの土、日、祝日は近江鉄道バスが「家族旅行村ビラデスト今津」まで運行しているので、それに乗車すれば「酒波寺前」まで行くことができる。ただし、季節限定の臨時バスなのでバス会社や地元観光協会で事前に確認されたい。

酒波寺は740年（天平12）頃、行基《ぎょうき》によって創建された天台宗の古刹で、往時は56もの堂宇を有する大寺院であったという。山門に至る石段横に胸高周囲3mほどもある「行基桜」と呼ばれるエドヒガンの大木があるが、その幹には深い傷跡がある。木に立てかけられた説明板には、やや古びて判読し難い部分もあるが、1573年（元亀3）、織田信長による比叡山焼き討ちの際に被災した傷跡であると記されている。

エドヒガンは長命な樹木であ

⬆日向尾のエドヒガン群落

湖西・大津

るらしく、日本各地に巨木・名木として天然記念物に指定され、保護、観賞されているものがたくさんある。ここ今津町酒波界隈には「今津自然観察クラブ」の人たちの調査によって、樹高15m、胸高直径1m近い大木をはじめ、小さいものを含めると140本ほどが確認されている。

⬆深清水の墓地にある「夫婦桜」

酒波寺を後にして、寺の前の道路を琵琶湖に向かってゆるやかな坂を下り、国道161号の隧道《ずいどう》（湖北29号）をくぐると急に目の前が開ける。左手の平地に**竹生《ちくぶ》桜**❸といわれる1本のエドヒガンの大木がすっくと立ち、その右手にはキラキラと輝く波間に浮かぶ竹生島が見える。薄紅色の桜の花ときらきら光る琵琶湖の波と竹生島の島影は春の日が織り成す一幅の絵を見るようで、息を呑むすばらしい景色である。

　そこから柿畑の中を300mほど琵琶湖に向かって進むと小さな墓地があり、その横に**夫婦桜**❹と呼ばれるエドヒガンの大木が2本並んで立っている。根元には一面にダイコンの花が咲き、さらにその横には高さ10mほどもあるコブシの大木が白い花を咲かせて妍《けん》を競っている。

⬆コブシの花

⬆「夫婦桜」の近くにあるコブシの大木

次に琵琶湖を背にして山に向かい、今来た道より少し北側の農道をたどって国道１６１号の橋脚をくぐれば箱館《はこだて》第一リッチランドと呼ばれる集落に至る。自治会の看板❺を左に見て、動物よけのフェンス沿いに農道を山に向かう。辿り着いたゲートを手で開け、百瀬川の堤防に登れば真正面に山の斜面をピンク

カキの花（6月）

植物豆知識

滋賀県最大の柿の産地

深清水地区の柿生産には約１００年の歴史がある。現在、約50戸の農家が約27haで早生品種の「西村」や「平核無（ひらたねなし）」、「松本早生」、主力の「富有」などを栽培している。カキの木は桜のシーズンにはまだ裸木であるが、やがて芽吹き、6月には花が咲き、10～11月に果実が実る。柿の実りに合わせた秋の散策もよい。

⬆箱館リッチランド内でみられるヤマザクラ

⬆今津とマキノの境にある民家のエドヒガン

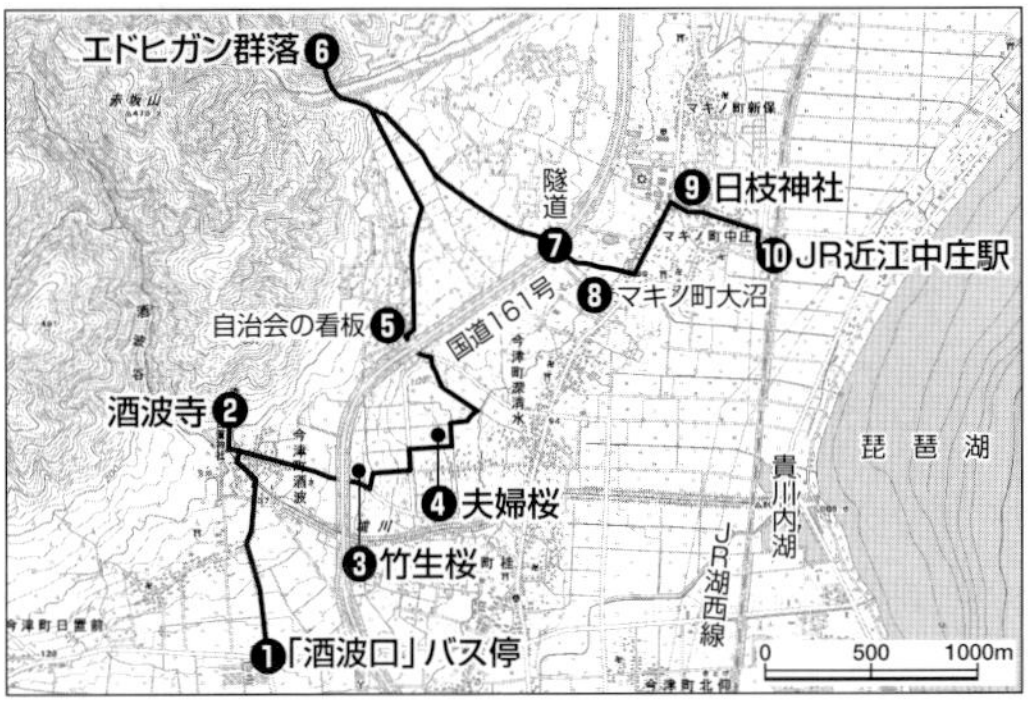

に染めた日向尾《ひなたお》の**エドヒガン群落**❻を見ることができる。

帰りは通ってきた動物よけのゲートをくぐらず左側の農道を通って国道161号の小さな隧道（湖北19号）❼を抜け、別荘地を通って旧国道161号（県道335号）のマキノ町大沼❽に出る。ここには民家の庭にエドヒガンの大木が2本ある。旧国道を100mほど北に進み右折すれば、大きなケヤキに囲まれた**日枝神社**《ひえ》❾があり、さらに進めばJR近江中庄《なかしょう》駅❿に出る。

（菊池）

アクセス

行き：JR湖西線近江今津駅から湖国バス「酒波口」
　　　または近江鉄道バス「酒波寺前」下車
帰り：JR湖西線近江中庄駅

問い合わせ

びわ湖高島観光協会今津支所	☎0740-22-2108
JR湖西線近江今津駅	☎0740-22-1661
近江鉄道大津営業所	☎077-543-0677
湖国バス長浜営業所	☎0749-64-1224

周辺観光ガイド

箱館山、家族旅行村ビラデスト今津	☎0740-22-6868
今津浜（松並木）	☎0740-22-2108
琵琶湖周遊の歌資料館	☎0740-22-2108

針江集落と花菖蒲園

●高島市

生水の郷と川端の暮らし　梅花藻揺らぐ湧水の地を歩く

約8km　約6時間

春　夏

⬆藁園神社のシンボル・鯰

JR新旭駅で下車し東口（琵琶湖側）❶に出て右に行くと、湖岸に向かう広い市道（新旭マロニエ通り）に出る。左に折れてタンポポに似たブタナが咲く単調な歩道を進むと、国道161号❷に出る。横断して途中「かばた館」を左に見てさらに進み、「藁園《わらその》」と表示された十字路❸で左折すると、ナマズ伝説のある**藁園神社**❹に着く。手《ちょう》水舎《ずや》の足元にゲジゲジシダが生えている。境内には多くの樹木があり、樹名札もかけられている。

　参拝後は元に戻り、十字路を直進すると真宗大谷派即得寺《そくとくじ》の太鼓堂が見え、まもなく札場跡

⬆生水の里・藁園区（札場跡）

⬆藁園神社のゲジゲジシダ

しんあさひ風車村・花菖蒲園

と「生水《しょうず》の里」の案内板❺に着く。あふれんばかりの水をたたえた水路と古い家並に沿って歩くと、先ほどの湖岸に向かう市道に合流し、アジサイとコブシ、サザンカの並木の向こうに風車が見える。揚雲雀《あげひばり》のさえずりを聞き、ゆったりと広がる田園を見ながら歩いていく。湖岸には出ず、生垣と大きな石碑の立つ広場❻のところで左折し細い農道を進むと、やがて「花菖蒲《はなしょうぶ》園」の看板が目に入る。左が**花菖蒲園**❼、右が「道の駅しんあさひ風車村」である。広い園地にはハナショウブが約３５０品種も植えられ、販売もされている。まわりには釣堀があり、アジサイやポピーなどの草花も彩りよく咲いている。花菖蒲園見学後は風車村にも立ち寄って見学しよう。花壇には春のチューリップなど四季折々の草花が植えられ、樹木も多い。

いったん湖岸道路に出て左に進むと、**南川**のたもと❽に出る。オオフサモ、オオカナダモ、ヒシなどの水草を見ながら川をさかのぼると、ミクリ、ドクゼリ、クレソン（オランダガラシ）、

ハナショウブ

南川のミクリとオオフサモ

⬆針江区のバイカモ自生地と水車

⬆バイカモの花

ツルヨシなどの群生が見られ、ナマズの姿も見え隠れする。川の堤防は遊歩道になっていて西に進むと深溝の集落に出る。

南川西橋⑨を渡ると水路に面して家々が続く。コイ、カワムツ、アユなどの淡水魚が人の気配にすばやい動きをみせ、いっとき水が濁る。日吉二宮神社のお旅所⑩を左にまわると、山から湖への水の流れが、湖から山への流れにかわる。集落内にくまなく水を流すための、この地に生きる人々の知恵がしのばれる。さらに行くと左手に神社の森が見え、広い道をまっすぐわたると**小池川**⑪に出合う。流れに沿って上流へいく。ゆらゆらする川藻にまじってバイカモの白い花もゆれる。流れはやがて国道１６１号のガード下をくぐる。左手に**曹洞宗正傳寺**《しょうでんじ》⑫の庭が見える。ここでは湧水を飲むことができるし、門前では手の届くところにバイカモが見られる。また、お寺の「川端《かばた》」（湧水を利用した洗い場）も見ることができる。ここから少し行くと川島酒造⑬がある。酒蔵見学ができるほか、店では地酒の試飲もさせてもらえる。

酒蔵を出てすぐに右折すると、豊かな水の流れが音をたて

植物豆知識

バイカモ（キンポウゲ科）

多年草。水温15℃前後の流水中で生育する。初夏から秋にかけて長い花柄を水面から出して開花する。花はがくと白い花弁が各5枚で多数の雄しべ、雌しべが中央を黄色で染め、花の形が梅の花に似るところから「梅花藻」と名付けられている。

ている。日吉神社前の**針江大川**《はりえ》に架かる橋のあたり⑭にもバイカモがゆれ、コイが泳ぎ、子どもたちの水遊びの場でもある。ここが水の郷《さと》・針江の集落である。予約すれば地元の人たちがガイドしてくれる。見学には人々の生活の場であることを忘れてはならない。「川端」は家の中と外にあるものとがあるが、水温はほぼ13℃であるという。この水温と盛んな湧水がバイカモの生育に適しているようで、小池川や針江大川は米原市醒井《さめがい》の地蔵川とともに県内では数少ない自生地となっている。花は5～9月頃まで次々に咲くが、年によって花の最盛期は多少の変動がある。

再び元の道に戻り、川島酒造前の道に出たところで右折して西に進むと、**森神社**⑮に着く。境内にはご神木・タブノキのほかケヤキ、エノキ、イチョウ、スダジイ、クロマツなどが水の恩恵を受けて見事な大木に育っている。6月末には夏越《なごし》の払いとして茅《ち》の輪をくぐって詣でる年中行事がある。森神社前の道をまっすぐ進み、二つ目の交差点で右折して進むと湖西線の高架が見える。JR新旭駅は右手すぐのところにある。（小山）

⬆森神社のご神木・タブノキ

アクセス

行き帰りとも：JR湖西線新旭駅

問い合わせ

JR新旭駅	☎0740-25-5321
江若交通（はーとバス）	☎0740-32-1371
びわ湖高島観光協会新旭支所	☎0740-25-6464
道の駅しんあさひ風車村・花菖蒲園	☎0740-25-6464
針江生水の郷委員会（ガイド依頼）	☎090-3168-8400

食事処

カフェレストラン アイリスハウス（風車村内）	☎0740-25-5274
いき生き水文化かばた館	☎0740-25-3790

周辺観光ガイド

大荒比古神社
毎年5月4日に行われる。七川祭では県無形民俗文化財の「奴振り」が有名

大宝寺遺跡（白鳳時代）、**熊ノ本古墳群**（弥生時代～）

高島市新旭水鳥観察センター　☎0740-25-5803

日吉大社と西教寺

●大津市

里坊をめぐる桜と紅葉と石積みと～門前町・坂本を歩く～

約3km　約4時間

春秋冬

↑紅葉の日吉大社

京阪電鉄坂本駅❶を出ると、すぐ右に日本最古と伝わる日吉《ひよし》茶園があり、左に折れると日吉山王《さんのう》総本宮・日吉大社の鳥居が見える。参道は車が通るので左側の側道を歩く。穴太衆《あのうしゅう》積みの石垣の道はここから始まる。「滋賀院門跡《しがいんもんぜき》」の案内標識にしたがって左折すると、明るい石積みの道が続く。

両側に里坊の門構えを見ながら行くと**滋賀院門跡**の通用門❷が右に見える。サクラとカエデが静寂の中に春秋を問わずひときわ華やぎ、旅人のこころを安堵させる。ここは江戸時代末まで天台座主《ざす》の居所であり、天台宗務庁の建物もある。庭園は国の名勝に指定されている。宗務庁の裏手を抜けると坂の道・権現《ごんげんの》馬場《ばんば》に出る。やや上りすぐ右側に入ると幽暗の奥に楼門が見える。雑念が消える思いに駆られる。ここは**慈眼堂《じげんどう》**❸で、徳川三代、家康・秀忠・家光の顧問役・天海《てんかい》大僧正の墓がある。本堂の東にイチョウの大木やツバキがある。

権現馬場に戻り、坂道を上りつめると県道47号に出る。向かい側に見える急な石段を上ると日光東照宮《にっこうとうしょうぐう》のミニチュアともいうべき重要文化財の日吉東照宮❹がある。本殿前の石段下をすぐ左折して山道を辿ると、比《ひ》叡山《えいざん》ケーブルの坂本駅❺が見えてくる。石橋を渡り、大正ロマン漂う駅舎をぜひ見ておこう。坂を下って再び県道に出て左折し、比叡山高校の苔生した高い石垣に沿って行くと、県道は大きく右に折れるが、左側に朱塗りの大きな鳥居が見える。ここが**日吉大社**❻、日本各地にその名を残す日吉山王総本宮である。

大宮川にかかる日吉三橋《さんきょう》（重要文化財）を渡ると、独特の様式をもつ山王鳥居が見える。フジの古株を右に見ながらさらに進むと、西本宮（日吉造、国宝）に着く。境内は広く、宇佐《うさ》宮、白《しら》山姫《やまひめ》社、樹下《じゅげ》社（3社とも重要文化財）、神輿《みこし》庫（神輿7基陳列）と続き、東本宮（国宝）に出る。秋にはカエデが色づき、三橋と渓流に色を添えてくれる。境内には他にケヤキ、タラヨウ、ナギ、カツラなどの大木がある。境内各社をつなぐ道脇の豊富で清冽な流れに沿ってミズタビラコが白い小花を咲かせている。東本宮を出て三橋のひとつ二宮橋を渡り、左折して広い道を行くと止観院《しかんいん》❼の前に出る。斜め向かいに春の大祭時に宵宮《よいみや》落としに使われる拝殿がある。

道路は左に折れてやや上り坂となり、歩くこと約1㎞。途中、広い駐車場とトイレが右に見え

⬆薬樹院のシダレザクラ（太閤桜）

⬆坂本の穴太衆積み

⬆西教寺の坂本菊料理

⬆紅葉の西教寺参道

る。このあたりから見える琵琶湖の眺望はすばらしい。天台真盛宗総本山**西教寺**《さいきょうじ》の総門❽はもうすぐだ。総門からの参道はゆるやかな上りで、サクラとカエデのトンネルが続き、両側に塔頭がたち並ぶ。参道を突き当たると左に宗祖大師殿があり、右側からすぐの石段を上ると本堂に出る。左側の高い所に明智光秀一族の墓がある。毎年晩秋には、地元坂本特産の坂本菊（食用菊）を主体とした「菊料理」（要予約）が味わえる。

　西教寺を後にして元の道に戻る。止観院前の道路のすぐ右側には**旧竹林院**《きゅうちくりんいん》❾の風情ある門が見える。延暦寺《えんりゃくじ》の僧侶の隠居所として建てられた里坊のひとつである。八王子山を借景とし滝組と築山《つきやま》を配した庭園はスギゴケでおおわれ、国の名勝に指定さ

植物豆知識

ナギ（マキ科）

ナギは熊野信仰と結びついて霊木となっている所が多い。ナギの葉は簡単にちぎることができないことから夫婦の契りの固さや金銭との縁が切れないことを願って財布に入れるとよいとされてきた。難を払う、一切の凶事をなぎ払う意味もあって神域によく植えられている。

ナギの葉と実

⬆大将軍神社のスダジイ

れている。茶室の前にはチリメンガシが植えられている。園内の流れは大宮川からの取水である。

ここを出て右に進むと日吉馬場に出る。左に折れて脇道を水路に沿って下って行くと、ほどなく左手に**律院**《りついん》⑩がある。白砂を踏みながら玄関脇を左から建物の裏へ回ると、サトザクラ5本と大きな宝塔の石組とが見事である。日吉馬場を下り、鳥居をくぐって左折すると**薬樹院**《やくじゅいん》⑪のシダレザクラ（太閤桜）が目に入る。未公開なので外から見るしかないが、それでも十分見応えがある。その背中合わせに**大将軍神社**⑫があり、境内にあるスダジイの大株に圧倒されながら少し下ると京阪電鉄坂本駅である。

（小山）

アクセス

行き帰りとも：京阪電鉄石坂線坂本駅またはJR湖西線比叡山坂本駅

問い合わせ

江若交通	☎077-572-0374
京阪バス	☎077-531-2121
坂本観光協会	☎077-578-6565
旧竹林院	☎077-578-0955
滋賀院門跡	☎077-578-0130
西教寺	☎077-578-0013
日吉大社	☎077-578-0009

周辺観光ガイド

比叡山延暦寺	☎077-578-0001
聖衆来迎寺（JR湖西線比叡山坂本駅下車）	☎077-578-0222
盛安寺（京阪電鉄穴太駅下車、拝観は要予約）	☎077-578-2002

食事処

本家鶴喜そば	☎077-578-0002
日吉山荘（鍋料理）	☎077-578-0065
芙蓉園別館（湯豆腐）	☎077-578-0565

⬆長等山と琵琶湖疏水の桜

三井寺と琵琶湖疏水

桜と新緑、そして紅葉　歴史の道を歩く

●大津市

約5km　約4時間

春夏秋

JR大津駅北口❶のすぐ手前の道をまっすぐに駅を背に左側（西）へ進むと、やがて国道161号❷に出る。国道を横断して右（北）に進み、パン屋「バロン」の角を左に曲がると京阪電鉄上栄町《かみさかえまち》駅❸に達する。踏切を渡ると左側に浜大津方面行きのホームがあるが、そこを通り過ごして急な坂道を上がり、散策路をそのまま右（北）へ進んでいくと、やがて左側に**近松《ごんしょう》寺《じ》**❹が見えてくる。三井寺《みいでら》の五別所の一つで、本尊に十一面観音が納められていることから「高《たか》観音」とも呼ばれる。春にはこのあたり一面は桜で彩られるが、お寺の前に見事なボダイ

⬆法明院の紅葉

ジュが植えられている。5月には葉腋《ようえき》に長い柄を持つ花序《かじょ》を出し、下向きに淡黄色《たんこうしょく》の花を咲かせる。

　さらに進み右側の石段を下りていくと、長等《ながら》創作展示館（三橋節子美術館）に至る。左側の本道をゆるやかに下りていくと、野鳥の姿を描いた「自然観察の森」の案内板が見える。そこを左へ入って林の中を上っていくと、小高い展望台があり、有名な**平忠度《たいらのただのり》の歌碑❺**が建っている。文字は達筆で読みづらいが、平清盛の弟、薩摩守《さつまのかみ》忠度が詠んだ歌「さざ浪や　しが（志賀）のみやこ（都）はあれにしを　むかし（昔）ながらの山ざくら（桜）かな」が刻まれている。

　もと来た道を案内板まで戻ってゆるやかな坂道を下っていくと、道が大きくU字形にカーブして、桜の名所でもある**長等公園❻**に達する。少し下った道の右側に幹がサルスベリを思わせるナツツバキの木が2本並んでいる。7月の初めに真っ白な花を咲かせるが、高木なので少し離れて見上げないと分かりにくい。

　そのまま道を下ってT字路を左に曲がって進むと小関越《こぜきごえ》へ向かう道と直交するが、そこを曲がらずにまっすぐ歩く。やがて

⬆ナツツバキの花

⬆長等神社のカツラ

左手に**長等神社**❼の朱色の楼門が見えてくる。楼門をくぐって左奥に進むと、カツラの大木が目に入る。樹形全体が姿を現わし、若葉が陽光に映える新緑のころが最も美しい。大津市保護樹木に指定され、樹高は約13・7m、樹齢は推定300年である。

　長等神社のすぐ北側に**三井寺**（**園城寺**《おんじょうじ》）への入口があり、急な石段を上がると観音堂❽に出る。すぐそばの展望台からは大津の市街地とその背景に琵琶湖を見渡せる。上がってきた石段とは反対方向（北側）の石段の両側はサクラの木で埋め尽くされ、春には見事な花のトンネルを作る。石段を下りると右側が三尾《みお》神社で、そこを右に曲がると三井寺の総門❾に出る。総門の前の道を湖の方へ進むと、**琵琶湖疏水**《そすい》❿に着く。疏水の上手にかかる鹿関橋から長等山を振り返ると、山をおおうサクラは霞《かすみ》かと見紛うほどでの美しさである。疏水の両側のソメイヨシノとヤマザクラを巡ったあと、総門に戻って右に曲がり、シイの老木や護法善神堂《ごほうぜんじんどう》を見ながら進んでいくと、やがて左側に大門（仁王門）⓫が見える。さらに進んで円満院の前を通り過ぎ、伝統芸能会館を右手に見ながら左に曲がって坂道を上がって行くと、大津市歴史博物館⓬

植物豆知識

ボダイジュ（シナノキ科）

　中国原産の落葉高木。欧州中部から南部にかけて分布するのはヨウシュボダイジュで、シューベルトの名曲「冬の旅」に「菩提樹」として歌われている。釈迦がその下で悟りを開いたといわれる菩提樹はインドボダイジュ（クワ科）である。ボダイジュは6月に直径8㎜ほどの球形の果実を結ぶ。下向きに放射状に垂れ下がる姿は、さながら線香花火のようである。

ボダイジュの実

がある。
　博物館の山手側にある小さな石段を上がると、東海自然歩道の案内板が見えるので、その山道を右へしばらく進むと法明院《ほうみょういん》への分かれ道に出会う。**法明院**⑬の庭園はカエデの紅葉が美しく、この時季には茶会が催される。境内には日本美術を欧米に紹介したフェノロサと古美術品収集家のビゲローの墓がある。参道を下りて北へ進むと、**皇子が丘公園**⑭に出る。その最上部、西大津バイパス横にハツミヨザクラ（初御代桜）が150本ほど植樹されており、彼岸の頃に満開となる。公園の所々にフウがあり、11月下旬には見事な紅葉が見られる。公園内の道を下っていくと県道に出るが、そこを横断してすぐ左に京阪電鉄皇子山駅とJR大津京（旧西大津駅）⑮がある。

（武田）

⬆皇子が丘公園のハツミヨザクラ

アクセス

行き：JR琵琶湖線大津駅
帰り：JR湖西線大津京（旧西大津）駅または京阪電鉄石坂線皇子山駅

問い合わせ

大津駅観光案内所	☎077-522-3830
三井寺	☎077-522-2238
近松寺	☎077-522-0411
長等神社	☎077-522-4411

周辺観光ガイド

大津市歴史博物館	☎077-521-2100
大津市伝統芸能会館	☎077-527-5236
長等創作展示館（三橋節子美術館）	☎077-523-5101

その他

・三井寺の金堂や三井の晩鐘を参拝するには仁王門から再入場が必要である。
・三井寺駐車場には土産・食事処がある。

⬆今井兼平墓地公園

粟津晴嵐と膳所城跡公園

粟津晴嵐の浜からなぎさのプロムナード

●大津市

約8km　約6時間

春秋

　ＪＲ・京阪電鉄石山駅❶で下車し北口に出て左手の道を進むと、勢多《せた》（瀬田）川畔で源（木曽）義仲とともに同族の源頼朝の軍と戦い、討死した**今井兼平《かねひら》の墓苑**❷がある。苑域は狭いがヤマザクラやエノキ、ケヤキ、ツツジの類に囲まれて、遠く木曽の人々の崇敬を受けている。

　もと来た道をもどり、石山駅前の道路を工場に沿って北に進み、途中で右折して湖岸道路に出る。かつては湖岸沿いを通っていた「晴嵐《せいらん》」の東海道は、埋め立てなどによって湖から遠く離れているが、江戸時代には松並木にあたる強い湖風に「晴れていても嵐のような松風の音」

⬆膳所城跡公園の桜

を出すことから、「粟津《あわづ》の晴嵐」と呼ばれ、近江八景の一つに数えられていた。近年、湖岸緑地**膳所《ぜぜ》・晴嵐の道**❸として復元され、クロマツなどが植えられた。湖岸道路のラクウショウやフウの並木とともに、散策やジョギングの人たちに緑蔭《りょくいん》を提供し、憩いの場となっている。

湖岸緑地を北に進み御殿浜❹のあたりから、かつて膳所藩主の別苑であった**本多神社**の社叢《しゃそう》❺へ向かう。古墳3基を取り入れた境内には御殿の池の跡などが残り、サクラ、クスノキ、アラカシ、ヤブツバキ、シャシャンボ、クロガネモチなどが森をつくる。シャシャンボの大木はこのあたりでは珍しいだろう。京阪電鉄の線路をわたり少し足をのばせば、膳所出身で昭和天皇・同妃の教育係として知られる儒学者**杉浦重剛《じゅうごう》の旧宅**❻がある。杉浦先生はウメを愛し「梅窓《ばいそう》」と号したので、各種ウメを配した質素な庭に出合える。

湖岸緑地にもどり少し歩くと、湖岸道路沿い左側に日本画家山元春挙《やまもとしゅんきょ》ゆかりの**蘆花浅水《ろかせんすい》荘《そう》庭園（記恩寺《きおんじ》庭園）**❼がある。近年、旧四高《しこう》同窓生によって植えられたサクラ並木（四高桜）の湖岸を進むと、**膳所城跡公園**❽に着く。膳所城は徳川の世になって最初に築かれ、明治になって一番はじめに廃城となり、壊された城として記録される。現在は市民の憩いの場で、春は桜、夏はクスノキなどの深緑、秋には紅葉を楽しめる。

公園から湖岸道路を渡り少し町中に入ると、**膳所神社**の社叢（大津市保護樹林）❾があり、

⬆和田神社のイチョウ

⬆縁心寺のハクモクレン

⬆膳所高校正門のクスノキ

サクラ、オガタマノキ、クスノキ、イチョウ、エノキなどの大木が見られる。神社の近くには旧藩校跡に**膳所高校**⑩があり、校門のそばにクスノキの肥大株があるのでぜひ見てほしい。

高校隣の**縁心寺**《えんしんじ》⑪にはハクモクレンの大木があり、花期には見物客も多い。ここから少し北に進むと左手に**和田神社**⑫がある。境内には関ヶ原の合戦で敗れた石田三成が伊吹山中で捕らえられ、京都へ護送される途中に繋がれたと伝わるイチョウの大木がそびえている。

ここから今一度、湖岸緑地に戻る。サンシャインビーチ⑬や近江大橋詰のメタセコイア並木、道路沿いのツツジ、クロマツに続く市民プラザなど、湖岸の開けた景色は足どりを軽くしてくれる。市民プラザの隣にあ

植物豆知識

オガタマノキ（モクレン科）

関東以西の主として太平洋側の温暖な山地に自生するが、県内では神社などに植栽されたものが多い。春、葉腋に直径3㎝ほどの基部がやや紅紫色を帯びた白色の花をつけ、芳香を放つ。「招魂木」の意味で、現在ではサカキを神事などに用いるが、もともとは「榊」はオガタマノキのことを指したという説もある。

オガタマノキの花

⬆芝桜に彩られた「なぎさのプロムナード」

る**大津市浄水センター**⑭にぜひ立ち寄りたい。屋上庭園にはツツジ類をはじめ緑が多く、展望台もあり、湖の景色、比叡山《ひえいざん》、比良山《ひらさん》、三上山《みかみやま》が浮き上がって見える。相模《さがみ》川の小橋をわたり、湖岸道路を進む。このあたりは**なぎさのプロムナード**⑮と呼ばれ、シイやケヤキ、モミジバフウなどの木々の緑がさざなみの湖面に映え、春にはシバザクラの花が美しく地をおおう。

堂の川⑯を渡ってすぐに左折して県道に出たら右折し「西武」前で県道を渡り、膳所駅方向に進む。途中で右折して旧東海道に入り、**義仲寺**《ぎちゅうじ》⑰に詣でる。寺名はこのあたりの泥田の中で討ち死したという源（木曽）義仲《よしなか》を葬ったことに由来し、義仲が愛した巴御前《ともえごぜん》の墓（巴塚）が寄り添うように立てられている。また、この地を度々訪れた俳聖・松尾芭蕉の墓地もあり、境内にはバショウの葉が風にゆれている。ここからJR・京阪電鉄膳所駅⑱まではゆるやかな坂道が続く。

（田村）

湖西・大津

アクセス

行き：JR琵琶湖線・京阪電鉄石坂線石山駅
帰り：JR琵琶湖線・京阪電鉄石坂線膳所駅

問い合わせ

びわ湖大津観光協会	☎077-528-2772
蘆花浅水荘（不定休、要予約）	☎077-522-2183
義仲寺	☎077-523-2811

食事処

コース途中に多数ある。

⬆瀬田川右岸の遊歩道

石山寺と瀬田川

近江八景「石山秋月」「瀬田夕照」の路を歩く

●大津市

約10km　約5時間

春夏秋冬

京阪電鉄石山寺《いしやまでら》駅❶から石山寺までは瀬田川沿いに約８００mの散策路を行く。川沿いにはソメイヨシノとヒラドツツジが植栽されていて開花時には目を楽しませてくれる。道路沿いの歩道を歩くのもよいが、約１００m先の放水路を越えた所❷から河川敷に下りると遊歩道が完備しており爽快さも倍増する。

　まずは西国三十三所観音霊場第13番札所の**石山寺**❸を訪ねよう。石山寺は１２００余年前、東大寺大仏建立のための黄金を求めるため聖武《しょうむ》天皇の勅願によって、良弁《ろうべん》僧正を開基として開かれた寺である。境内には、日本唯一の巨大な天然記念物の珪《けい》

⬆石山寺の梅苑

⬆石山寺のボタン

灰石《かいせき》があり、これが寺名の由来となっている。当寺はまた「花の寺」としても知られ、春の梅・桜、秋の紅葉はもとより、スイセン、モクレン、ツツジ、ボタン、フジ、カキツバタ、アジサイ、キョウチクトウ、ハギ、サザンカ…等々、いつ訪れても美しい花たちがやさしく出迎えてくれる。

石山寺を後にして、瀬田川《せた》の右岸を南郷《なんごう》に向かう。川に目をやると瀬田川リバークルーズの外輪船や大学ボート部の練習風景が眺められる。川の流れはゆったりしているが、道路は国道４２２号であり大変交通量が多い。ここから先は歩道も十分には完備していないので安全には十分注意しよう。部分的ではあるが河川敷に下りられる所があるので極力活用するとよい。国道を道なりに進み、いったん川から離れ、再度、川辺に出ると右側に**南郷公園**❹、左側に洗堰《あらいぜき》❺が見えてくる。南郷公園は春には桜が満開になり、多くの人々で賑わう。また、この地でとれた鯉で時の帝の重病が完治したとの伝説によって、毎年５月に行なわれる鯉祭り用の神鯉が安置されている。現在の洗堰は１９６１年（昭和36）に完成した2代目の「瀬田川洗堰」である。１代目が１９０５年（明治38）完成の「南郷洗堰」で、現在の洗堰の１００mほど上流にあった。現在でもその一部が記念のため保存されている。

　瀬田川洗堰を渡ると右側に琵琶湖の水位・洗堰の流量を管理している琵琶湖河川事務所❻、その隣に滋賀県南郷水産センター❼がある。水産センターには各種魚の釣り堀や魚のつかみどりコーナーなどがあり、魚と遊べるパラダイスだ。洗堰を渡ってすぐの左側が**水のめぐみ館アクア琵琶**❽である。ここは琵琶湖と淀川水系についてさまざまな角度から紹介した科学館である。

⬆瀬田川洗堰

敷地内にはハナミズキ、エゴノキ、ヤマボウシ、ヤマモモなど20種以上の樹木が植栽されており、それらの多くに樹名板が付いているので観察にも最適である。観察をしながら敷地内を通り抜けて道路に出るとよい。出る直前にトウカエデとムクロジがある。アクア琵琶の定休日には通り抜けができないので、アクア琵琶横の三叉路❾を左折して進む。この先、瀬田川河川敷の遊歩道におりるとよい。

　遊歩道が終わった所❿から県道29号に上がるが、そこから先は歩道が整備されている。途中、

⬆瀬田川左岸「夕照の道」

植物豆知識

ムクロジ（ムクロジ科）

　落葉高木。秋に熟す黄褐色の実には1個の黒色の堅い種子がある。これを羽根つきの羽の玉や数珠に用いるほか食用にもなる。また、果皮にはサポニンを含んでいるので石鹸の代用になり、洗濯や洗髪に用いられた。

ムクロジの実

⬆瀬田の唐橋

川の流れと対岸の風景、川に沿って植栽されているサクラ、モミジ、ヤナギ、ナナカマド、ナンキンハゼなどがそれぞれの季節を演出してくれる。ここは「夕照《せきしょう》の道」と名付けられた風光明媚な道である。**瀬田の唐橋《からはし》**の手前⑪で県道は川からそれるが、そのまままっすぐに遊歩道を進みたい。ここから眺める唐橋の姿が最も美しいといわれている。右側には藤原秀郷《ひでさと》（俵藤太《たわらのとうだ》）と唐橋の川底にあると伝わる竜宮の乙姫《おとひめ》を祀る雲住寺《うんじゅうじ》、竜王宮秀郷社がある。

唐橋東詰交差点⑫を左折して唐橋を渡り、まっすぐ進んで京阪電鉄の踏切を過ぎ、鳥居川交差点⑬で右折する。旧東海道の鳥居川商店街を抜けるとJR・京阪電鉄石山駅⑭は真近である。「石山駅」行バスの便は多数ある。

（西村）

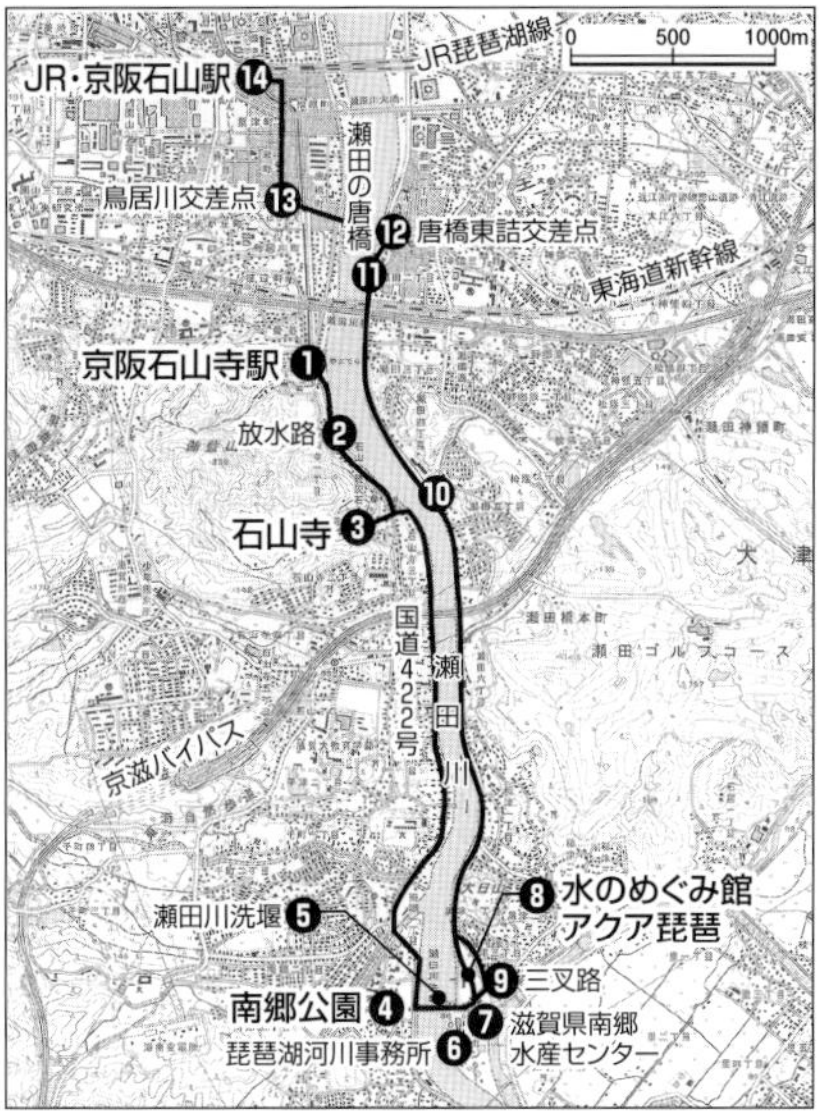

アクセス

行き：JR琵琶湖線石山駅で京阪電鉄石坂線「石山寺」行に乗換え終点下車

帰り：JR琵琶湖線・京阪電鉄石山駅

問い合わせ

石山駅前観光案内所	☎077-534-0706
石山観光協会	☎077-537-1105
石山寺	☎077-537-0013
水のめぐみ館アクア琵琶	☎077-546-7348
滋賀県南郷水産センター	☎077-546-1153

その他

・本コースの川沿いの道路は、毎年３月上旬に開催されるびわ湖毎日マラソンのコースの一部である。
・本コースのほぼすべてのルートをJR石山駅発着のバスが走っているので、時間の都合や疲れの程度に応じて適宜バスの利用が可能である。
・石山寺から南郷までの道路沿いには食事処がある。

青花畑と志那三社

草津市の花・青花と志那三郷の藤をたずねて

草津市

約8km　約4時間30分

春　夏

⬆アオバナ畑（青花摘み）

草津市は近年人口増加が著しく、駅周辺を中心に高層マンションがそびえ立つ光景に圧倒されるが、ちょっと歩くとまだまだ田園風景が残っている中に花の咲き誇る場所がある。

青花《あおばな》と志那三郷《しなさんごう》の藤を訪ねる花歩きは、JR草津駅西口❶から出発する。線路沿いに守山方面に5分も歩くと住宅街の中を流れる伊佐佐川《いささ》❷に出会い、ここからは川の流れに沿って歩く。伊佐佐川は栗東《りっとう》市岡付近から流れ出し、市街地を流れているが水量もあってきれいな川である。昔はよく洪水が起こる川であったが、少し東側を流れていた葉山《はやま》川が改修され、それに併せて放水路がつくられ新葉山川につながれている。

近江大橋から続く県道42号❸に出る。野村町北の交差点の傍に水門が設けられ、ここから放水路がはじまる。自動車の騒音の中で、川を覗くと鯉が放流され悠然と泳いでいる。信号を渡

⬆三大神社のフジ（砂擦りの藤）

り野村西児童公園横の左岸側は自転車歩行者専用道路❹になっている。桜の花の頃は川には花《はな》筏《いかだ》、土手にはセイヨウカラシナやセイヨウタンポポの花の黄色一色になる。放水路に架かる天満橋を渡り、国道1号から浜街道につながる「淡海《おうみ》くさつ通り」の大日橋❺の上に出る。橋の両側には東屋が設けられベンチが置かれている。ちょっと一休みとする。東屋はステンドグラス張りで、人物東海道「草津」（安藤広重）の青花摘みに精出す女が描かれている。また、欄干にはこのアオバナやこれから行くフジがデザインされている。

そのまま「淡海くさつ通り」を進み、**アオバナ畑❻**を覗いて見よう。このあたりの畑にはあちこちにアオバナが栽培されている。前方に老杉《おいすぎ》神社を見なが

⬆三大神社のフジの花

⬆安藤広重の青花摘みの絵を模したステンドグラス

湖南・甲賀

⬆志那神社参道の松並木

ら右に折れ、伊佐佐川放水路の水が流れ込んだ新葉山川⑦に出る。比叡山《ひえいざん》を真正面に川の左岸を進むと浜街道（県道26号）に突き当たる。右折して新葉山川橋を渡り、北大萱《きたおおがや》の信号から左に入ると吉田の集落で、フジの神社**三大《さんだい》神社**⑧がある。

三大神社は条里集落の遺構地で、琵琶湖と水路で結ばれた水郷・吉田集落の中心にある。この三大神社のフジ（ノダフジ）は「砂摺《すなず》りの藤」と呼ばれ、樹齢400年とも伝えられる古藤である（県自然記念物）。開花時にはライトアップも行われ、それは圧巻である。本殿の傍らにある六角柱の石灯籠（重要文化財）は鎌倉時代の石造美術を代表するもので「正応4年」（1291年）の刻銘が読み取れる。

次は志那神社のフジを見に行こう。三大神社の前の道を琵琶湖に向かって進むと、メロン街道の交差点⑨の向こうが志那町の集落である。志那町は琵琶湖に最も近く、昔は水郷地帯の農業、琵琶湖での漁業、内湖《ないこ》での真珠の養殖なども行われていた。その集落の入口に**志那神社**

植物豆知識

アオバナ（ツユクサ科）

アオバナ（別名オオボウシバナ）は草津市の花に指定されている。ツユクサの変種で青い花びらを摘み取って染料にする。江戸時代から草津宿の名物になっていた。3月に種をまき、7~8月の早朝から花びらを摘み取り梃《てこ》で絞り、その汁を刷毛《はけ》で和紙に塗り、天日で乾燥させ、また塗り、その作業を繰り返して一定の重さの青花紙を作る。その青花紙を絵皿の中で水に戻し友禅の下絵画きに使う。

アオバナの花

⬆惣社神社のフジ（惣社大藤）

⑩がある。寄進された灯籠が並ぶ松の参道を行くと、正面には鎌倉時代を代表する簡素で気品ある一間社《いっけんしゃ》流造《ながれづくり》の本殿（重要文化財）がある。その右に20年ほど前に氏子が寄進した元気なフジがある。

終わりは**惣社《そうじゃ》神社**⑪のフジを訪ねる。惣社神社は今来た道を引き返し、三大神社の手前で左折して志那中町の集落をめざす。神社は常盤《ときわ》小学校の近くにある。ここのフジは「惣社大藤」とよばれる古藤で、三大神社のフジに匹敵する見事なものである。

帰りは浜街道に架かる歩道橋を渡った所に、「穴村」バス停⑫がある。（長）

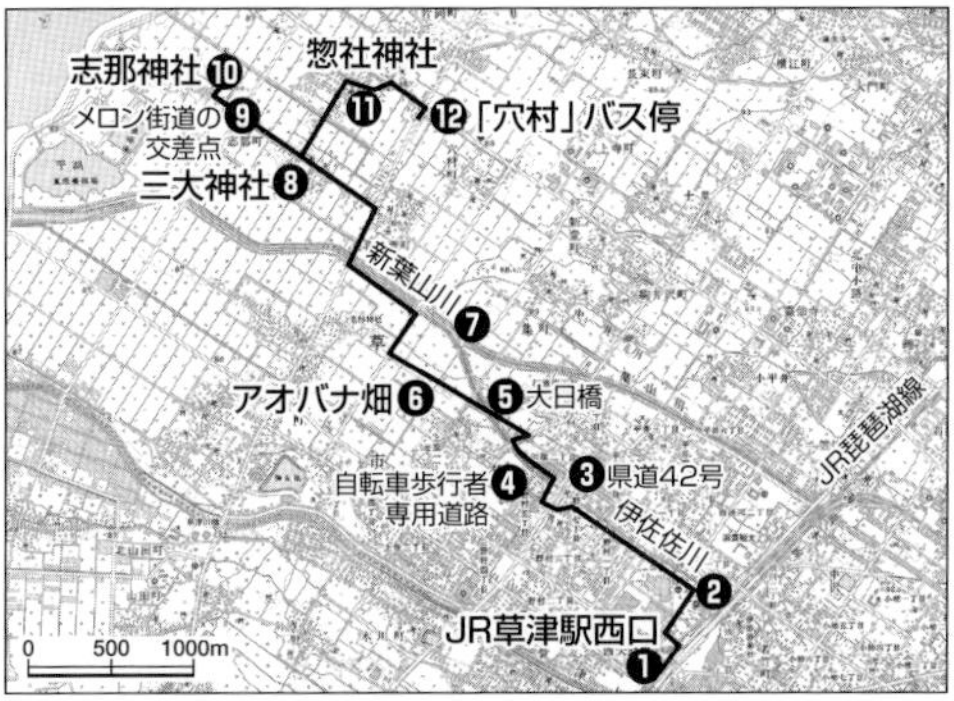

アクセス

行き：JR琵琶湖線草津駅西口
帰り：近江鉄道バス「穴村」バス停からJR琵琶湖線草津駅西口へ

問い合わせ

草津市観光物産協会	☎077-566-3219
近江鉄道バス・湖国バス大津営業所	☎077-543-6677

周辺観光ガイド

芦浦観音寺（拝観は要予約）	☎077-568-0548
水生植物公園みずの森	☎077-568-2332
琵琶湖博物館	☎077-568-4811
蓮海寺	☎077-568-0749

食事処

JR草津駅周辺には多数ある。

⬆水生植物公園みずの森園内

水生植物公園と芦刈園

日本有数の花蓮群生地と紫陽花をたずねて

●草津市・守山市

約4km　約5時間

春夏

スイレンの一種➡
（ニンファエア　カエルレェア）

JR草津駅西口から近江鉄道バス「烏丸《からすま》半島」行に乗車する。やがて車窓から大きな風車が見え、「みずの森」バス停❶で下車する。**水生植物公園みずの森**❷に入園し、噴水まわりの四季折々の花の出迎えを受けてテーマ館へ入る。映像ホールではハスやスイレンについて約30分の映像上映があり、観察するための予備知識が得られる。この後温室に入ると、世界各地の水生植物や熱帯植物の原色の色鮮やかな大きな花を見ることができ、しばしの目の保養になる。

なお、温室内にあるサラノキはムユウジュやインドボダイジュとともに仏教の三聖木の一つ

⬆山賀駐車場からみたハスの群生地と風車、みずの森

⬆もりやま芦刈園のアジサイ（ヤマアジサイの一種）

⬆サラノキの羽根のある果実（翼果）

であり、3〜4月初旬に星型の花が、また5月の連休前後であれば羽根のある果実が見られる。日本でサラノキの花が咲いたのはこの「みずの森」が初めてであるという。

「みずの森」を後にして歩き始めると、左手の湖岸道路との間（赤野井湾）に**ハスの群生地**❸がある。面積約13haと日本有数の広さで、7〜8月の開花時期には湖面を埋めるハスを求めて、早朝から写真愛好家をはじめ多くの人々で賑わい、近くのヨシ群落から聞こえるオオヨシキリの声もこの時期の風物詩である。

湖岸道路を横断して道の駅草津❹で腹ごしらえを兼ね休憩した後、車の往来に注意しながら湖岸道路沿いの歩道を東に約1・5km進んで湖岸側の山賀《やまが》の

⬆蓮如上人お手植えの柳

駐車場❺で小休憩しよう。遠くに見える比叡山《ひえいざん》をバックに烏丸半島のハス群落に大きな風車と「みずの森」が見渡せ、ハス群落の広さも併せて実感できる。駐車場出入口❻から湖岸道路を横切り、山賀町の集落に向けて行くと、田んぼの右手に柵で囲まれた**蓮如《れんによ》上人お手植えの柳**❼がある。このヤナギには上人が昼食で箸がなく代用した柳の枝を地面につきさしたところ、大きく生長したとの由来がある。

　さらに歩いて山賀町の集落手前の通称メロン街道❽に出た所で左折し、信号のある交差点と川を渡っていくと左手に**もりやま芦刈園《あしかりえん》**❾がある。園内は日本とヨーロッパの各50種1万本のアジサイを中心に、四季折々の花や実のなる木々が植えられた水辺公園となっている。幻のアジサイ・シチダンカも植えられている。雨が似合う花ゆえ赤紫や青紫色、ピンク、白とカラフルな色でじめじめした梅雨をしばし忘れ、良い休養になるだろう。開花期間中にはアジサイの即売もある。

　アジサイの余韻を残し、田んぼの向こうに見える杉江町の集

植物豆知識

ハス（ハス科）

仏教とともに伝来し、名は種のある花托が「蜂の巣」（ハチス）に似ていることに由来する。地下茎がレンコンの食用ハスと花を観賞する花ハスに分類される。花が咲く時に音がすることはない。仏教ではハスの花が極楽浄土の象徴とされるため、蓮華をかたどった台座に仏像を乗せたり、厨子の扉の内側に蓮華の彫刻を施したりしている。また死後に極楽浄土に往生し、同じ蓮花の上に生まれ変わって身を託すという思想があり、「一蓮托生」という言葉の語源になっている。

ハスの花

⬆小津神社のクスノキ

落を小川沿いに畦道を歩き、浜街道沿いから木々におおわれた**小津《おづ》神社**⑩に入る。社叢《しゃそう》にはサクラ、クスノキ、スギ、ヒノキ、シイが多く見られ、本殿の右に進んだ所には守山市内では有数の大きさ（幹周約４ｍ）と表示されたクスノキの大木がある。

当社は古代豪族小津氏を祀ったのが始まりとされ、宇賀之御魂《うがのみたまの》命《みこと》を祀っている。戦国時代に再建された本殿は重要文化財で、５月５日には欽明《きんめい》天皇の頃の洪水で流出した神殿を迎えた喜びを後世に伝える長刀《なぎなた》踊り（無形民俗文化財）が催されるなど、機会があれば歴史的な由来も併せて味わいたいものである。

神社を後にして「杉江南口」バス停⑪まで歩き、近江鉄道バス「守山運動公園経由守山駅」行に乗車し、心地良い疲労を感じつつＪＲ守山駅に向かう。

（木村）

アクセス

行き：JR琵琶湖線草津駅から近江鉄道バス「烏丸半島」行「水生植物公園前」下車

帰り：「杉江南口」バス停から近江鉄道バス杉江循環線「守山運動公園経由守山駅」行終点下車

問い合わせ

水生植物公園みずの森　☎077-568-2332

道の駅草津　☎077-568-3610

もりやま芦刈園　☎077-583-2727

小津神社　☎077-585-0855

周辺観光ガイド

琵琶湖博物館　☎077-568-4811

ほたるの森資料館（運動公園内）　☎077-583-9680

食事処

レストラン「におのうみ」（琵琶湖博物館内）　☎077-568-4819

道の駅草津（グリーンプラザからすま）　☎077-568-1208

⬆なぎさ公園の菜の花畑（寒咲き花菜）

なぎさ公園と近江妙蓮公園

琵琶湖岸から野洲川沿いを歩く

●守山市

約10km　5～6時間

春　夏

ＪＲ守山駅から近江鉄道バス木の浜線で「ラフォーレ琵琶湖」行に乗車し、琵琶湖大橋東詰を右に折れ、**第一なぎさ公園**❶で下車する。マンション前の駐車場奥には、１～２月は雪の比良《ひら》山《さん》をバックに早咲きの菜の花畑（寒咲き花菜）、７～８月にはヒマワリ畑が広がる。

湖岸の砂浜には**ハマヒルガオの群落**❷があり、５月下旬～６月に淡い赤紫色の花を多数咲かせる。ハマヒルガオは海浜植物であるが、歴史の古い琵琶湖ではあちこちで見かける。ここの群落はとりわけ素晴らしい。水辺を北に歩いて行くと、左に琵琶湖、右は旧野洲《やす》川南流の河口

⬆なぎさ公園のハマヒルガオ群生地

⬆美崎公園の水辺ビオトープ

が**湿地帯**❸になっていて水生植物が観察できる。

第二なぎさ公園からラフォーレ琵琶湖の左の道を３００ｍほど行くと、**美崎公園**（**みさき自然公園**）❹がある。ここは旧野洲川河川敷に水辺の環境を再生し、水生動植物の観察や学習ができるフィールドである。その中にはパークセンターもある。かまぼこ形のハウスを左右に見ながら南に行くと、初夏には薄紫の花を咲かる**センダンの高木**❺が３本つらなってある。この木を見ながら左の方に進むと旧野洲川南流の左岸堤防に出る。右は竹藪が多い河畔林、左の土手にはカンサイタンポポやセイヨウタンポポなど季節の野草が観察できる。

約１km行くと河川敷が広がり、右に屋根が六角形の波型をしたびわこ地球市民の森の**森づくりセンター**❻が見える。ここから国道４７７号までの約３kmにわたり、県民の手による森づくりが進められている。「自然と人との共生」をめざしていろいろな生物が暮らす豊かな森を創造するために、住民参加の事業が２００１年（平成13）から始められている。「森づくりセンター」の南に行くと、**ふれあ**

⬆色彩豊かなバラ園ゾーン

いゾーン⑦がある。ここは水辺の環境学習フィールドで、池・湿地と森の生態観察ゾーンでもある。景観もよく、東屋とトイレがあるので遅く出発した場合にはここで昼食にするとよい。湿地にはミクリ、ガマ、ハナショウブなどが見られ、ウシガエルが鳴いている。

左に樹下《このもと》神社、右前に明富《あけとみ》中学校を見ながら左に折れ、焼却場の煙突を目印に農道を北へ約１㎞行くと**もりやまバラ・ハーブ園**⑧に着く。園内には１８００本のバラ、３９００本のハーブがある。ハーブのにおいを嗅ぐため手に触れてみてもよい。香りの温室や観葉植物・ベゴニア温室があって、春と秋だけでなく四季を通して楽しめる。また、フランス料理に使われる珍しいセイヨウアザミがあり、20㎝ほどの大きい花を咲かせる。横にある守山市農村総合センター⑨には自動販売機もあって自由に使用できるので、ここで昼食をとるとよい。予約しておけば昼弁当も取り寄せてくれる。

　センター横の農道をまっすぐ南東方向に進み、国道４７７号を左折してしばらく行くと、

植物豆知識

近江妙蓮（ハス科）

7月下旬から8月に花が咲く。つぼみは普通のハスと変わらないが、外側の花弁が開いたあとは一茎に2～12の花群がみられ、花弁は2000～5000枚に達する。花托、おしべ、めしべがなく、すべて花弁になったと考えられる。ハスの特徴である蜂巣（花托）がないので種子はできない。

近江妙蓮の花

「すし切りまつり」で有名な下《しも》新川《にいかわ》神社⑩に着く。神殿の前左右に2羽のオシドリの像が神の使いとして置かれているのが珍しい。神社を出て北東方向に進むと中洲《なかす》小学校の校門前⑪に出る。その左には毎年12月に大きなクリスマスツリーとなるメタセコイアの大木が見られる。右に行くと野洲川の稲荷大橋である。渡れば野洲川歴史公園、埋蔵文化財センターに行ける。

　橋の手前を右に車両通行禁止の野洲川堤防を歩く。前には三《み》上山《かみやま》、後ろは比良山、右に田園、左に野洲川の河川敷が広がる。川の中央を蛇行して流れる低水路の岸辺には水生植物の中に野鳥がさえずっているのどかな風景である。河川敷に降りて野草を観察するのもよい。服部大橋を越え新庄大橋⑫で左に入ると**蜊江《つぶえ》神社**⑬がある。境内の池には6月、ハナショウブの花が美しい。

　野洲川の堤防に戻り上流に向かうと**笠原の桜並木**⑭が続く。ソメイヨシノ５００本が成長して春には花見客で賑わう。約１km進み、桜並木が終わった頃、右手に田中生コンが見えるので、その先を右へ堤防から降りて行くと**近江妙蓮《みょうれん》公園**⑮がある。「大日《だいにち》池の近江妙蓮」は県天然記念物に指定され、守山市の花にもなっている。資料館があり、近江妙蓮の写真や資料を展示している。帰りは近江鉄道バス「田中」バス停⑯から守山駅に向かう。

（岡田）

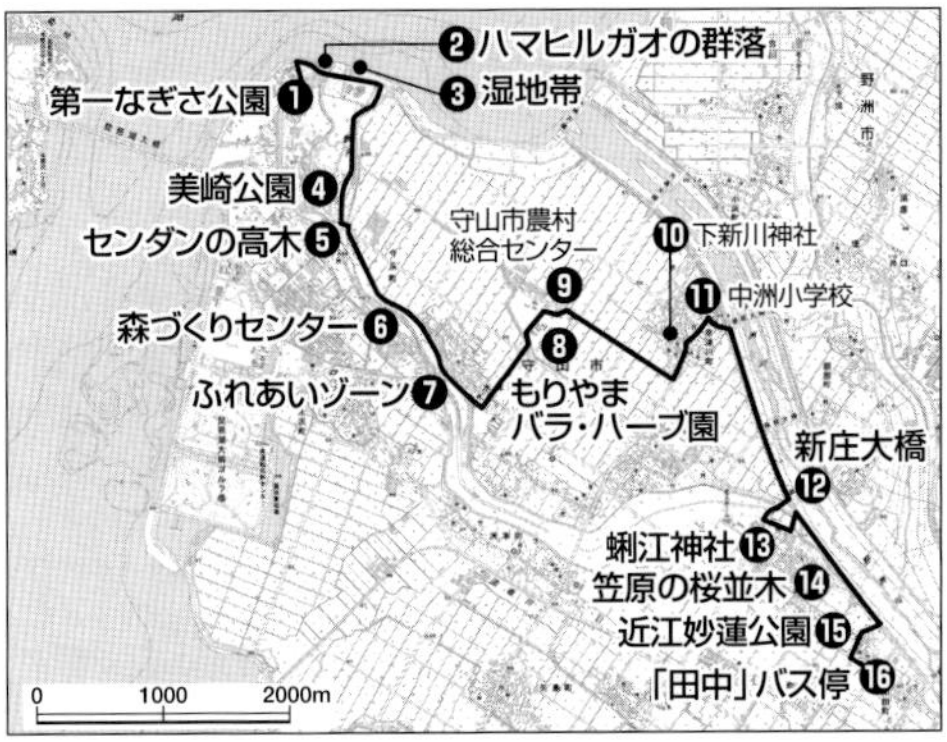

アクセス

行き：JR琵琶湖線守山駅から近江鉄道バス「ラフォーレ琵琶湖」行「第一なぎさ公園」下車

帰り：「田中」バス停から近江鉄道バス「JR守山駅」行終点下車

問い合わせ

守山市観光協会	☎077-582-1131
近江鉄道バス守山旅行センター	☎077-583-8103
美崎公園	☎077-585-4280
びわこ地球市民の森	☎077-585-6333
もりやまバラ・ハーブ園	☎077-585-1975
近江妙蓮公園	☎077-582-1340

その他（宅配弁当）

守山商工会議所（サービス部会）	☎077-582-1551

⬆鎌倉時代の古い様式を伝える兵主大社庭園

佐波江〜あやめ浜と兵主大社

海浜植物が自生する湖辺と緑豊かな田園地帯を歩く

●近江八幡市・野洲市

約8km　約5時間

春　夏

ＪＲ近江八幡駅で近江鉄道バス「野ヶ崎」行に乗車する。バスは市街地を抜け、湖岸に向かう。日野川にかかる野田橋を渡ると終点「野ヶ崎」バス停❶に到着する。ここで下車し、橋の手前で左に折れて堤防の道❷を進む。このあたりの河川敷の自然風景を楽しみつつ20分ほど歩くと、湖岸道路に出る。道路を横断して左へ400ｍほど行くと、佐波江《さばえ》浜「青少年教育キャンプ場」❸があるので、砂浜の方へ行ってみよう。

目の前は豊かな水をたたえる琵琶湖で、湖岸にはクロマツなど緑がいっぱい広がっている。琵琶湖といえば魚貝類など水の

⬆湖岸に多い外来種のニセアカシア（ハリエンジュ）

⬆ハマゴウ

⬆ハマヒルガオ

⬆タチスズシロソウ

中の生き物に関心が行きがちだが、琵琶湖の砂浜にはそれらに劣らず珍しいものがある。ふつうは海岸に見られる海浜植物が、淡水の琵琶湖岸に多く生育しているのである。このような植物が分布している理由はなんだろうか。かつては大昔に琵琶湖が大阪湾から瀬戸内海へ連なっていた時代に繁茂していた植物が今も残っているのではないかとの説があったが、最近では琵琶湖岸の環境が海岸とよく似ているために、これらの植物が分布を広げたと考えられている。いずれにしても琵琶湖岸の砂浜にはタチスズシロソウをはじめ、ハマヒルガオ、ハマエンドウ、ハマダイコン、ハマゴウなどの海浜植物が生育しているが、佐波江浜ではこのうちタチスズシロソウ、ハマヒルガオ、

⬆兵主大社拝殿とクスノキ社叢林

ハマゴウの3種が観察できる。道路を隔てた**京都ＹＭＣＡ佐波江教育キャンプ場**❹にもハマゴウが自生している。

　佐波江浜からあやめ浜までは、マツ林に沿って湖岸の景色を眺めながら歩く。あやめ浜に入る手前の湖岸側に紫式部の歌碑❺があり、左手に近江鉄道バスあやめ営業所❻が見えてくる。しばらく行くと湖岸の方に、ちょっと見えにくいがB&G中主海洋センター❼がある。ここで再び砂浜に入ってみよう。あやめ浜はタチスズシロソウの日本最大規模の群生地といわれ、花を見るには絶好の場所である。この浜にもハマヒルガオやハマゴウが自生している。

　ここから兵主《ひょうず》大社へはゆっくり歩いて50分ほどなので余裕があれば足を延ばしてみよう。近江鉄道バスあやめ営業所❻近くまで戻り、リサイクルショップで右に曲がり農道❽に入る。喜《き》合《あい》の集落を通り一つ日の信号❾で左へ進み、豊かな田園地帯を

植物豆知識

タチスズシロソウ（アブラナ科）

砂浜に生える越年草。茎は直立し葉はへら形、花は小さく白色で4～5月に咲く。

ハマヒルガオ（ヒルガオ科）

砂浜に生えるつる性の多年草。葉は丸くつやがある。淡いピンクの可憐な花は5月頃から咲きはじめ、7月初旬頃まで次々と咲く。

ハマゴウ（クマツヅラ科）

落葉低木で葉は広卵形、茎は砂の上を長く這う。花は青紫色で7～8月に咲く。

⬆兵主大社参道（馬場）の美しい松並木

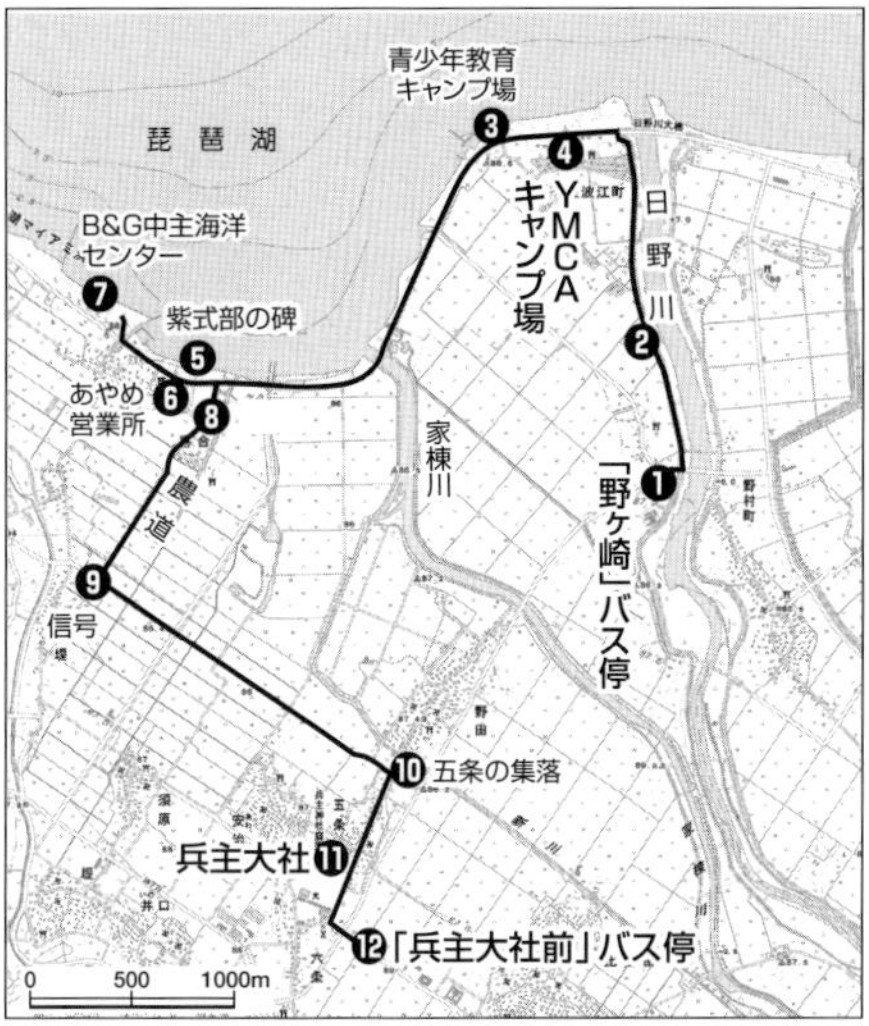

２kmほど歩くと五条の集落⑩に入る。ここで右に折れるとまもなく右手に**兵主大社**⑪の鳥居と朱塗りの楼門が見えてくる。拝殿に至る参道の両側と拝殿の裏側には樹齢数百年のクスノキの大木が生い茂り空高くそびえている。これらは庭園と一体となって良好な自然環境を形成しており、貴重な社叢《しゃそう》林として県の緑地環境保全地域に指定されている。

本殿南側にある池泉回遊式庭園に立ち寄ってみよう。この庭園は水際が強い曲線で、東隅に一つの中島を配し、池の南に起伏のゆるやかな築山《つきやま》を作る鎌倉時代の古い様式を伝える貴重な庭園であり、国の名勝に指定されている。秋にはコケの緑と紅葉とのコントラストが美しく、近年訪れる人が多い。楼門を出るとすぐ右手に松並木が続く参道（馬場）がある。毎年５月５日の兵主祭ではここで神輿《みこし》や太鼓の渡御《とぎょ》が行われる。松並木を通り抜け大鳥居を出て左へ行くと近江鉄道バス「兵主大社前」バス停⑫がある。

（蓮沼）

アクセス

行き：JR琵琶湖線近江八幡駅北口から近江鉄道バス「野ケ崎」行終点下車
帰り：「兵主大社前」バス停から近江鉄道バス「野洲駅」行

問い合わせ

近江八幡駅北口観光案内所	☎0748-33-6061
野洲市観光案内所	☎077-587-3710
近江鉄道バスあやめ営業所	☎077-589-2000
野洲駅前案内所	☎077-587-2059
兵主大社	☎077-589-2072

周辺観光ガイド

びわ湖鮎家の郷	☎077-589-5600

食事処

あやめ荘（びわ湖の魚料理／要予約）	☎077-589-3239

西寺・東寺と美松山

●湖南市

阿星山麓の名刹とうつくし松自生地をたずねて

約6km　約5時間

春秋

⬆紅葉の常楽寺・本堂

JR石部《いしべ》駅から湖南市コミュニティバス「めぐるくん」に乗車する。バスは市街地を抜け、阿星山《あぼしやま》の麓へ向けて走る。やがて、美しい田園風景の中、山を背にした西寺の集落が見えてくる。「常楽寺《じょうらくじ》」バス停❶で下車し、案内にしたがって山門から境内に入る。

常楽寺❷は西寺《にしでら》とも呼ばれ、奈良時代に元明《げんめい》天皇の勅命により良弁《ろうべん》僧正が建立した名刹である。室町時代に再建された本堂と三重塔は国宝であり、重要文化財に指定された木造釈迦如来坐像をはじめ多くの仏像を寺宝として安置する。境内入口の左手に、樹齢300年のヒノキによく似たサワラの大木がそびえる。参道と境内には多数のイロハモミジと葉が春から紫紅色のノムラモミジが、また本堂横にはソメイヨシノの古木があり、春は桜、秋は紅葉が境内を彩る。

⬆新緑の長寿寺・弁天堂

本堂の裏山には「石仏観音めぐり」の小道が整備され、道に沿ってヒラドツツジやコバノミツバツツジ、ドウダンツツジ、サツキなど数多くのツツジ類が見られる。その他、境内にはナンジャモンジャ（ヒトツバタゴ）の木があり、5月頃白い花を咲かせる。クロガネモチやアラカシ、シイなどの常緑広葉樹もある。

　常楽寺を出てバス停にもどり、集落の道を右に進むと県道119号に合流する。右に折れ坂を登って行く。車道ではあるが車の通行は少なく、ヒノキ山を抜けて行くので、快適に歩ける。峠の阿星児童館❸を過ぎ、しばらく行くと福祉パーク館「じゅらくの里」❹に着く。ここから見える野洲《やす》川流域の田園地帯、十二坊山や菩提寺山などの山並に向けて開けた景観は素晴らしい。併設された「もりの駅」では石部の産物が売られており、喫茶・軽食もあり、ひと息つくには絶好の場所である。

　「じゅらくの里」を出て、広野川を渡るとすぐ右側に**長寿寺**《ちょうじゅじ》❺がある。イロハモミジの並木の参道に入ると、その静寂な寺のたたずまいに心が洗われる感じがする。長寿寺は東寺《ひがしてら》とも呼ばれ、奈良時代後期に聖武《しょうむ》天皇の勅願により良弁僧正が建立した。鎌倉時代に再建された本堂は国宝であり、白山《はくさん》神社と弁

⬆常楽寺のサワラ（樹齢300年）

⬆長寿寺のサルスベリ
（樹齢150年）

⬆紅葉の長寿寺・山門

天堂もある。また、木造阿弥陀如来坐像（重要文化財）など多くの仏像を安置している。境内はイロハモミジ、ノムラモミジにヒノキも雑じり、静けさが支配する。幹周３ｍ、樹高25ｍのヒノキの大木がひときわ目立つ。また参道には樹齢１５０年の立派なサルスベリがある。道向かいの**十王寺**《じゅうおうじ》にも樹齢１００年のサルスベリと石部一の樹高を誇るゴヨウマツがある。11月中旬からもみじ祭が開かれ、同時に寺宝の仏像も公開されるが、一般公開期以外は常楽寺とともに拝観には予約が必要である。

　長寿寺を出て県道１１９号に沿ってウツクシマツの自生地へ向かう。「東寺集会所」バス停❻を過ぎてすぐ右へ入る。小道は２本あるが、左の道を進む。

植物豆知識

ウツクシマツ（マツ科）

　ウツクシマツはアカマツの変種で日本ではここだけに自生し、国の天然記念物に指定されている。主幹がなく、枝は地表近くで分かれ、放射状に伸びて美しい樹形となる。この特異な形態は、扇型（上方山型）、扇型（上方やや円形）、傘型、ホウキ型に大別される。この山の特殊な土質によるものと考えられているが、近年、この性質が劣性遺伝することが明らかにされた。古くから東海道の名所として知られ、昭和天皇も行幸された。

特異な樹形をしたウツクシマツ

東寺の集落、ヒノキ林を抜けて行くといちご農園「びわ姫園」⑦がある。農園のフェンス沿いに土手を山方向に向かい、山道を上っていく。すぐに舗装道路に出るが、この道を下ると美松山の**ウツクシマツ自生地**⑧に到着する。ウツクシマツはアカマツの変種で樹形に特徴がある。

帰路はJR甲西《こうせい》駅へ向う。舗装道路を北へ下り、住宅地を抜けて旧東海道に出たら右に折れてしばらく進むと家棟《やなむね》川（天井川）⑨が見えてくる。ここで左に折れて川沿いに歩くと、右手にJR甲西駅⑩がある。（河村）

⬆平松のウツクシマツ自生地

アクセス

行き：JR草津線石部駅から湖南市コミュニティバス「めぐるくん」で「常楽寺」下車
帰り：JR草津線甲西駅

問い合わせ

湖南市商工観光課	☎0748-71-2331
滋賀バス甲西営業所	☎0748-72-5611
湖南市安心安全課（コミュニティバス）	☎0748-71-2311
常楽寺（西寺）	☎0748-77-3089
長寿寺（東寺）	☎0748-77-3813

周辺観光ガイド

臥龍の森
（雨山公園管理事務所）☎0748-77-5400
全国森林浴の森100選に選ばれ、4.1㎞のウォーキングコースが整備されている。

善水寺 ☎0748-72-3847
本堂は国宝に指定され、重文の木造薬師如来坐像ほか多数の仏像を安置する。常楽寺、長寿寺とともに湖南三山と称される。

正福寺 ☎0748-72-0126
良弁僧正が開いた古寺。さつき寺としても知られる。

⬆水口城址の桜

水口古城と大池寺

甲賀市

古城の桜と皐月の庭園、広重も描いた干瓢をたずねて

約6km　約3時間30分

春　夏

八幡神社のスイレン➡

水口《みなくち》の古城の桜、皐月《さつき》の庭園、干瓢《かんぴょう》（ユウガオ）の花を見る花歩きは、JR貴生川《きぶかわ》駅で乗換え近江鉄道水口城南《じょうなん》駅❶から出発する。駅付近は旧美濃部《みのべ》（甲賀《こうか》市水口町八光《はっこう》）と呼ばれ、少し前までは農業中心の在所であった。近江鉄道を挟んで東側は水口神社、その回りの畑では特産品の干瓢が作られていたが、近年、碧水《へきすい》ホール、民俗資料館、公園などが造られ町の中心に様変わりした。江戸時代から伝統的に干瓢作りをしてきた農家は数軒になっているが、この界隈の農家は自家用に栽培されているので線路沿い❷に歩いてみよう。

水口は1600年（慶長5）

⬆大池寺の蓬莱庭園

⬆大池寺の山門前

の関ヶ原合戦の後、東海道の宿駅に指定されたが、**水口城**（**水口御茶屋**）❸の始まりは3代将軍家光が1634年（寛永11）、上洛に先立ち、水口に新たに宿館を築かせた時からである。明治維新後、水口城は廃城、本丸は学校敷地となり、運動場として利用されている。1972年（昭和47）、将軍家宿館遺跡としての価値が評価され保存整備された（滋賀県史跡指定）。その後、1991年（平成3）、往時の櫓《やぐら》を模した水口城資料館が開館した。

　堀の碧水に映る桜を堪能し、水口城跡を後に「城南道文化ふれあいの道」を北に進む。旧東海道の交差点を過ぎると**綾野《あやの》天満宮**❹がある。ここのサクラ、モミジも見事である。

　ここから大池寺《だいちじ》へ行くには国道1号のバイパスを越えなければならない。本線との合流点に大型スーパーなどが建ち並び歩きづらいが、滋賀銀行前の信号❺を渡り、すぐ左の少し狭いバイパスの隧道《ずいどう》を出て右折し、次に左折する。名坂北の信号❻を右にとって、しばらくまっすぐ北に向かって行く。道の両側は農家が続き、広い屋敷の庭に植えられ手入れの行き届いた草花を見ながら進むと八幡神社の鳥居に行き着く。自動車なら右にとれば大池寺のバスプールの道であるが、**八幡神社**❼に参拝してからにしよう。石段を上がると大きなため池が現れ、ため池に架かる橋の正面に社殿がある。橋の右にはスイレンが一面に広がり見事な花が咲いている。境内から右に抜けると**大池寺**❽の入口である。

⬆ユウガオの花

⬆大池寺のツバキ（ワビスケ）

大池寺は臨済宗妙心寺派のお寺である。書院から見る蓬莱《ほうらい》庭園は名高い庭園で、各地からの見学者がある。この庭は先に訪ねた水口城の作事奉行を務めた小堀遠州《こぼりえんしゅう》の作と伝えられている。江戸時代の寛永年間（1623～43）に作られ、サツキの大刈り込みの鑑賞式枯山水《かれさんすい》の庭園である。サツキの開花の頃（5月下旬～6月上旬）が最も見応えがあるが、秋の紅葉、刈り込みにうっすらと積もった雪の頃も格別な風情がある。また、本堂正面左にはワビスケ、イヌマキ（ともに水口町古木・名木指定）がある。

最後の目的地・古城山《こじょうさん》（岡山城址）へは国道1号バイパス❾を越えて進み、近江鉄道の小さな踏切❿を渡ったところで国道307号を水口方面に少し戻

植物豆知識

ユウガオ（ウリ科）と干瓢

干瓢はユウガオから作る。花は夕方咲き、大きな実が生りその実の果肉を細く紐状に剥いて乾したものが干瓢である。和名は「夕顔」で、『源氏物語』に書かれた「夕顔」と同じ字である。物語の夕顔と源氏の出会いは、塀に絡まった蔓に美しい白い花が咲いているのを見て花の名を尋ねた歌からはじまる。

心あてにそれかとぞ見る白露の
光添えたる夕顔の花

その返歌は

寄りてこそそれかとも見め黄昏に
ほのぼの見つる花の夕顔

水口の干瓢は安藤広重が「東海道五十三次の内水口名物干瓢」（天保3年（1832））に描いている。この錦絵の宣伝効果によって街道を行きかう人々のお土産として全国に広がっていったと伝えられている。

⬆干瓢干し

り、左の坂道を上がる。公営住宅の建つ山裾の途中、上を見ると車道のガードレールが木々の中に見えるところを目安に細い踏み跡の坂道を上の車道に出て**古城山**⓫へ登る。終点に東屋が建っている。古城山は近年「古城山県民花の森」として整備され、アスレチック設備が設置される中にサクラ、コブシ、ツツジなどの花が楽しめる。

帰路は「桜の小道」を下って国道1号⓬に出て右に進み、新町の交差点を右折すると近江鉄道水口駅⓭である。

（長）

アクセス

行き：JR草津線貴生川駅乗換え近江鉄道本線水口城南駅下車

帰り：近江鉄道本線水口駅

問い合わせ

甲賀市商工観光課	☎0748-65-0707
甲賀市観光協会	☎0748-65-0708
水口城資料館	☎0748-63-5577
大池寺	☎0748-62-0396

周辺観光ガイド

大岡寺	☎0748-62-3872
水口歴史民俗資料館	☎0748-62-7141
みなくち子どもの森	☎0748-63-6712

食事処

や満平	☎0748-62-5131
鹿深の里	☎0748-62-8588
水口センチュリーホテル	☎0748-63-2811

↑長命寺のアジサイ

↑長命寺三重塔

長命寺と大嶋・奥津嶋神社

あじさい寺からむべの郷、水の郷を歩く

●近江八幡市

春夏秋

約8㎞　約5・5時間

　JR近江八幡駅前から近江鉄道バス「長命寺《ちょうめいじ》」行に乗車する。市街地を抜けると、右手に緑豊かな水田とヨシ群落が広がっている。秋には一面の黄金色が目に飛び込んでくるだろう。バスは長命寺川に架かる渡合《わたらい》橋を渡り、山麓の旧道を走る。窓から川風が心地よく入ってくる。長命寺川河口を左手に見て間もなく終点「長命寺」バス停❶に到着する。長命寺山の麓にある日吉神社には4月頃、祭りに使う松明《たいまつ》が飾ってある。さすが西国三十三所観音霊場第31番札所にふさわしく、前方には荘厳な雰囲気の山が迫り、長い石段が目に入る。

⬆長命寺山麓・日吉神社

⬆長命寺石段

杉木立の中のかなり急な石段（８０８段）を一歩ずつ踏みしめて30分ほど上れば**長命寺**❷につく。石段が苦手な人は参道左手の自動車道を歩いていくと最後に石段の参道と合流する。山上付近の林床には数百株のアジサイが植えられており、絨毯《じゅうたん》を敷き詰めたような景色になる。6月下旬には「紫陽花コンサート」が夕暮れから開催される。ライトアップされたアジサイの中で流れる音楽に身を委ねると、幽玄の世界に包まれ、しばし現実から放たれた心持ちにさせてくれるだろう。

さらに石段を上り本堂に参詣する。振り返ると、琵琶湖が木々の間から眺望でき、心地よい風とともに疲れを癒してくれる。長命寺は聖徳太子の開基と伝えられ、本堂をはじめ護摩堂、三重塔、三仏堂、鐘楼など重要文化財の諸堂が建ち並んでいる。本尊の千手・十一面聖観世音菩薩は健康長寿、無病息災にご利益があるという。

長命寺を後にしてバスで来た道を戻り、長命寺町の三叉路❸を左折し、またすぐに左折して旧道を進むと、水茎焼《みずぐきやき》陶芸の里❹が目に入る。ここでは、初心者でも手軽に電動ロクロを使って作陶や絵付けを楽しむことができ、出来上がった作品は後日、自宅まで配送してくれる。レストランも併設されているので、喫茶や食事に立ち寄ってもよい。

陶芸の里を後にして、左に姨綺《いき》耶山《やさん》（４２３ｍ）、右に田んぼを見、風と戯れながら進んでいく。「北津田」バス停❺で左折し、「むべの郷・北津田」の集落内を進むと、やがて前方に鎮守の

湖東・東近江

⬆水郷めぐり

森が見えてくる。**大嶋《おおしま》・奥津嶋《おくつしま》神社《じんじゃ》**❻である。境内にはムベ棚があり、地元の人たちが代々世話をしている。その昔、天智天皇が蒲生野《がもうの》に狩猟に出かけ、奥島に立ち寄った折、長寿の夫婦に出会い、その秘訣を尋ねたところ、奥島に産する無病長寿の霊果を食べているからだと答えて、その実を差し出した。これを賞味した天皇が「宜《むべ》なるかな」と得心され、献上を指示したといういわれがあり、今も天智天皇を祀る近江神宮に献上されている。境内には池があり、4月には満開の桜が池に映り、二重に花を楽しませてくれる。5月頃ならフジの花も見られる。ムベの近くにはベニバナトキワマンサクもある。

　神社を後にして、緑が多い**島小学校**❼を右手に見ながら県道に出て左折し、長命寺川にかかる渡合橋❽を渡って最後の目的地・円山《まるやま》をめざす。右手にアジサイがきれいな**近江八幡ユースホステル**❾を見、安土方面へ行く県道との交差点を越えた少し先に、「白王口《しらおうぐち》」バス停❿がある。

　ここを左折すると水郷めぐりの船着場があり、和船で西の湖

植物豆知識

ムベ（アケビ科）

暖地の山地に生育する常緑のつる性木本。茎は長くのび、葉は互生し、長い柄があり、5～7枚の小葉をもつ掌状複葉（若木では3小葉の場合あり）。花期は4～5月で、白色でやや淡紅紫色を帯びた花を3～7個つける。雌雄同株。果実は長さ5～8㎝、卵円形で紫色、裂開しない。果肉は白色で甘く、多数の黒い種子がある。

ムベの花

ムベの実

⬆カリンの花

⬆北津田産のムベを使った「むベリキュール」

アクセス

行き：JR琵琶湖線近江八幡駅から近江鉄道バス「長命寺」行終点下車

帰り：「円山」バス停から近江鉄道バス「近江八幡駅」行終点下車

問い合わせ

近江八幡駅北口観光案内所	☎0748-33-6061
近江八幡市商工観光課	☎0748-36-5517
長命寺	☎0748-33-0031
水茎焼陶芸の里	☎0748-33-1345
近江鉄道バス八日市営業所	☎0748-22-5511
大嶋・奥津嶋神社	☎0748-34-8515
前出のむべ家（むべ酒）	☎0748-32-3663

周辺観光ガイド

水郷めぐり（90～120分）

4業者が行っており、問い合わせは駅北口観光案内所へ。

八幡堀とその周辺

重要伝統的建造物群保存地区に指定され、白壁土蔵や旧家が建ち並ぶ。

を巡ることができる。水郷と和船、桜の組合せは、時代劇を思わせる景色である。さらに道なりに進むと、正面に**圓山《まるやま》神社**⓫の鳥居が現れる。鳥居をくぐると100段余の石段が続き、途中の地蔵堂の傍にはカリンやツバキの古木が見られる。カリンは4～5月に淡紅色の花が咲き、果実は秋に黄色に熟し芳香がある。石段を上っていくと、甍《いらか》を並べた円山の集落が一望できる。春には桜の可憐な淡い色と、西の湖に流れ込む水郷の傍らにヨシやヤナギの緑が目に眩しい。

帰りは「円山」バス停⓬にもどり、近江鉄道バスでJR近江八幡駅に向かう。（渡部）

湖東・東近江

正法寺と石楠花谷

藤の寺と日野の天然記念物をたずねて

日野町

約7km　約6時間

春夏秋

⬆ 正法寺のフジ（後光藤）

近江鉄道日野駅から湖国バス「鎌掛《かいがけ》」行に乗り、終点❶で下車する。湖国バスは平日・土曜のみ運転で、日曜・祝日は運休である。鎌掛は周囲を田園と里山に囲まれた、たいへんのどかな農村である。

案内にしたがって日野ダリア園へと向かう。道沿いには豊かな田畑が広がっていて、畦には都市近郊ではほとんど見られなくなったカンサイタンポポやウマノアシガタなどの野草が普通に生育している。

バス停から約1km行ったところに、**日野ダリア園**❷がある。開園してまもない施設で、拡張の計画があり、今後どのような

⬆展望台から見たホンシャクナゲ群生地

⬆鎌掛の屏風岩

品種が増えていくのか楽しみである。いろいろな品種のダリアが8月下旬から11月上旬にかけて花をつけていき、花の盛りはたいへん見事である。また、観光いちご農園が併設されていて1月から5月までいちご狩りを楽しむこともできるが、予約が必要である。

日野ダリア園に隣り合って、藤の寺として有名な臨済宗妙心寺派**正法寺**《しょうぼうじ》❸がある。ここのフジ（ノダフジ）は5月中旬に花の盛りをむかえ、花房は1m近くにもなる。正法寺は寺伝によれば行基《ぎょうき》が開祖で、江戸時代の1692年（元禄5）、普存《ふぞん》禅師が現在地に移した折、京の都から藤を移植したと伝えられ、古くから「後光藤《ごこうふじ》」という愛称で親しまれてきた。本堂のそばの山手には、鎌倉時代の1315年（正和4）に作られたとされる石造宝塔があり、重要文化財に指定されている。

正法寺からいったん広い県道に出で、山手に入ったところに、天然記念物「鎌掛の屏風《びょうぶ》岩《いわ》」❹がある。高さ約30m、幅約7m、厚さ約4mの巨大な岩で、粘板

日野ダリア園➡

岩と珪岩《けいがん》からできている。鈴鹿山脈の造山運動による褶曲《しゅうきょく》などの作用をまったく受けなかったために、形成する岩層がまっすぐになっていることが、学術上貴重とのこと。ただ、惜しいことに、江戸時代に建築用の石材「鎌掛石」として切り出したため、もとの大きさの3分の1ほどになってしまったという。

来た道を戻り県道に出て右（東）方向に進み、約1・5km行くと、天然記念物「**鎌掛谷のホンシャクナゲ群落**」のある石楠花谷《しゃくなげだに》への入口❺があり、大きな駐車場がある。車で行くときにはここに駐車しなければならない。シャクナゲの開花期間中は保存協力金を入口で支払い、入口から群落付近までは無料のシャトルバスに乗れば時間短縮ができる。バスに乗らないときは、山手の細い道を入っていき、ところどころにシャクナゲが植えられた遊歩道を進む。自然観察路にもなっていて、木には樹名札が付けられている。

バスの終点❻から石楠花谷が始まる。谷側にホンシャクナゲが群生していて、その数約2万本といわれている。谷の終点付近の斜面にはホンシャクナゲが一面をおおっているところがあり、少し登った展望台❼から見ることができる。見ごろはゴールデンウィークの頃であり、近江鉄道日野駅から臨時バスも運

植物豆知識

鎌掛のホンシャクナゲ群落

本来、ホンシャクナゲ（ツツジ科）は標高800〜1000m付近の高所に生育する植物であるが、鎌掛では標高350m付近の低山地に約2万本が群生しており、1931年（昭和6）に国の天然記念物に指定された。自然の群生であるため、花が多い年と少ない年があるように思う。

ホンシャクナゲの花

⬅雲迎寺（さつき寺）のサツキ

行されている。

　帰りはもと来た道を鎌掛❶まで引き返してもいいが、県道を北に進み、鎌掛峠❽を越えて音羽の集落に出るのもよい。音羽にはさつき寺**雲迎寺**《うんこうじ》❾がある。

　上音羽バス停❿から日野駅経由でＪＲ近江八幡駅まで近江鉄道バスが出ている。途中、時間があれば近江日野商人のふるさと日野の町並もぜひ見てほしい。毎年５月２、３日には馬見岡綿《うまみおかわた》向神社《むきじんじゃ》⓫の春の例祭（日野祭）があり、豪華な曳山《ひきやま》が繰り出す。

（和田）

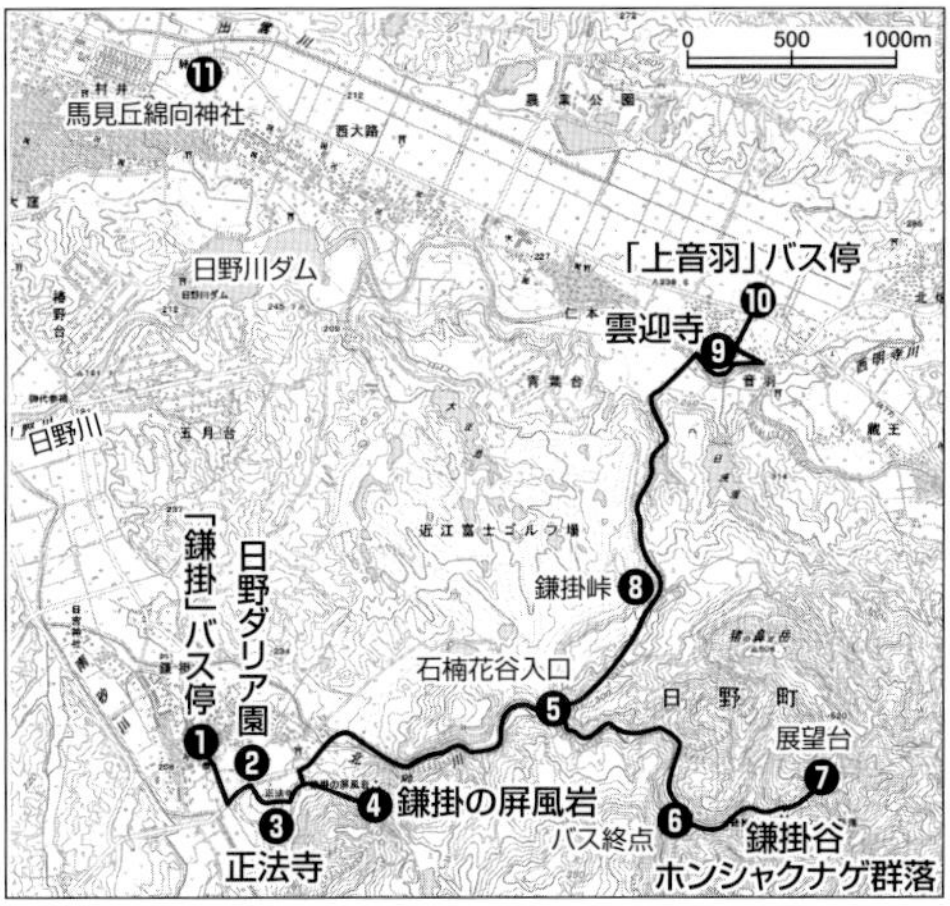

アクセス

行き帰りとも：湖国バス「鎌掛」バス停（平日、土曜日のみ運行）
（帰りは近江鉄道バス「上音羽」バス停などから近江鉄道日野駅またはJR琵琶湖線近江八幡駅へ行ってもよい）

問い合わせ

日野町観光協会	☎0748-52-6577
日野町商工観光課	☎0748-52-6562
近江鉄道日野駅	☎0748-52-0219
日野ダリア園	☎0748-52-5651

周辺観光ガイド

日野町の町並と近江日野商人館　☎0748-52-0007
信楽院　☎0748-52-0170
　日野出身の画家高田敬輔の描いた雲龍の天井画がある。

正明寺　☎0748-52-0227
　京都御所の一部を移した本堂（重要文化財）がある。
滋賀農業公園ブルーメの丘　☎0748-52-2611

土産処

かぎや（いがまんじゅう）	☎0748-52-0048
かどや（いがまんじゅう）	☎0748-52-2177

⬆沙沙貴の森のなんじゃもんじゃ（ヒトツバタゴ）

沙沙貴神社と近江風土記の丘

沙沙貴の森と安土城址周辺の自然・歴史探訪

●安土町

約9km　約6時間

春秋冬

JR安土駅❶で下車し改札口を出ると「織田信長公像」と「織田桜」が迎えてくれる。駅前を左に進み、地下道を通って駅南広場に出ると安土町城郭資料館❷がある。広場前の道を進み、T字路を右折してしばらく行き、古い道標で左折すると前方に大きな森が目に入る。ほどなく**沙沙貴《ささき》神社**❸に到着する。

常楽寺集落の南に位置する沙沙貴神社は『延喜式《えんぎしき》』神名帳に記載された式内社であり、中世の近江の守護職・佐々木一族の氏神として篤い信仰を受け栄えてきた。県内でも有数の広い境内には本殿や拝殿、楼門を包むようにスギやヒノキ、ケヤキな

⬆近江百華苑

⬆ウラシマソウ

ど大木の森が茂り、林内にはヤブツバキやカゴノキなどの照葉樹も多い。また、「近江百華苑」では早春のロウバイに始まり、ヤマブキやシャガなど多くの草木が植えられており、四季折々に花や緑が楽しめる。なかでも楼門前にあるウラシマソウとヒトツバタゴ（なんじゃもんじゃの木）が有名である。

　神社を出て左に少し戻り、シルバー人材センター横で右折する。突き当たりにはヴォーリズ設計の旧伊庭《いば》家住宅（郷土館）❹がある。カラー舗装の道路を南に進みすぐに左折して県道を渡る。少し右に進み、安土ドーム館の矢印❺にしたがって左折し、直線道を８００ｍほど歩く。住宅の手前で右折してしばらく進み、三叉路を左折してさらに進むと「史跡瓢箪山《ひょうたんやま》古墳」❻の説明板がある。繖山《きぬがさやま》（観音寺山）の麓にある瓢箪山古墳は古墳時代前期（4世紀後半）に造られた県内最大級最古の前方後円墳で、被葬者は古代豪族「狭狭《ささ》城山君《きやまのきみ》」に関連する人だとされる。

　山裾の竹林の道を進むと集落内の十字路❼に出合う。右に進んで石段を上れば、初代定恵《じょうえ》和尚が唐から桑の実を持ち帰り養蚕を始めたのが寺名の由来とさ

↑安土城考古博物館

↑沙沙貴神社の白花梵天ツバキ

れる桑實寺《くわのみでら》がある。一方、道をまっすぐ進むと左手に**文芸の郷**❽や**近江風土記の丘**❾の施設が見えてくる。右手は森林公園「あど木っずらんど」として整備され、コナラ、クリ、ヤマザクラ、ウワミズザクラなどが生育している。湿地にはハンノキ林も見られ、木道を歩いてゆっくり観察できる。

「文芸の郷」には安土城天主・信長の館や文芸セミナリヨ、レストランなどの施設がある。また、「近江風土記の丘」は特別史跡安土城跡、史跡大中《だいなか》の湖《こ》南遺跡をはじめ安土町内の4史跡を結ぶ歴史公園で、その中心施設が安土城考古博物館である。園内には旧柳原学校校舎や旧宮地家住宅、旧安土巡査駐在所などが移築され、桜やコブシ、ツバキなどの花木が楽しめる。旧宮地家住宅裏には町の木・ツバキが集められ、「影清椿《かげきよつばき》」と称するヤブツバキの古木がある。

旧安土巡査駐在所前❿から山裾の道を進む。左手にはタイサンボクが植えられている。ＪＲ琵琶湖線の線路を下に見てすぐに県道に出る。左折して県道沿いの歩道をしばらく進み、「安

植物豆知識

ヒトツバタゴ（モクセイ科）

雌雄異株の落葉高木で、本州中部・木曽川流域と対馬に自生する。5月上旬、芳香のある白い花を樹冠が雪をいただいたように咲かせる。タゴとはトネリコの別称で、トネリコのように複葉ではなく単葉なので「ひとつ葉トネリコ」の意味である。また、別名の「ナンジャモンジャ」は名前がわからないものの総称で、その代表がヒトツバタゴである。

⬆安土城址「江藤の丘」

土城址前」の信号で県道を渡る。右手の高台は**江藤《えふじ》の丘**⑪と呼ばれ、桜の名所になっている。正面に**安土城址大手道口**⑫がある。安土城は安土山（標高199m）に築かれた織田信長の居城で五層七重の天主を誇ったが、1582年（天正10）6月2日の本能寺の変後、落成からわずか3年で焼亡した。大手道口から春には桜並木やシイ林が美しい安土山麓を歩く。左手の一部残された堀は蓮池と呼ばれ、7月にはハスの花が美しい。

安土川にかかる百々橋《どどばし》⑬を渡り、すぐに左折すると左手に茅葺き拝殿が珍しい新宮《しんぐう》大社⑭がある。県道を渡り、集落内の細い道を南進し、さらに県道を渡る。ここで右折して歩道を進み、「安土郵便局前」信号で左折するとハナミズキの街路樹が美しい駅前通りに出る。なお、安土小学校の裏手には「北川」「梅の川」と呼ばれる古くからの湧水がある。

（青山）

アクセス

行き帰りとも：JR琵琶湖線安土駅

問い合わせ

安土町観光案内所	☎0748-46-4234
沙沙貴神社	☎0748-46-3564
浄厳院（本堂拝観要予約）	☎0748-46-2242
安土城天主・信長の館	☎0748-46-6512
安土城考古博物館	☎0748-46-2424
安土町城郭資料館	☎0748-46-5616

周辺観光ガイド

桑實寺	☎0748-46-2560
安土西の湖水郷めぐり（要予約）	☎0748-46-4234

食事処

文芸の郷レストラン	☎0748-46-6555

安土駅周辺には「味の楽市」や「味葦庵」などがある。
みやげ処として「萬吾楼」（もなか「負けずの鍔」）がある。

↑桜花満開の老蘇公園

老蘇の森と教林坊

旧中山道（武佐宿～小幡宿）の自然と歴史をたずねて

●近江八幡市・安土町・東近江市

約9km　約6時間

春秋冬

近江鉄道武佐《むさ》駅❶を出て右方向に進む。静かな町並を通り、八風《はっぷう》街道（国道421号）との交差点❷を越えてそのまま進む。途中、本陣跡や脇本陣跡、旅籠《はたご》中村屋などがかつての賑わいを彷彿させる。武佐小学校前の**牟佐《むさ》神社**❸にはケヤキやクロガネモチの大木が目立つ。昔を偲びながら、西福寺や東光寺❹を過ぎてさらに進むと、**鎌若宮《かまわかみや》神社**❺がある。大きな鳥居をくぐると参道の両側にはイチョウ、ケヤキ、シダレザクラなどが生育し、こんもりとした森を形成している。アラカシ、ウラジロガシ、ユズリハなどもみられる。左の遊園地周囲にはカエ

⬆ケヤキの新緑が美しい牟佐神社

⬆轟地蔵跡

⬆奥石神社（鎌宮）

⬆「鎌宮」由来の鎌の形を施した拝殿幕

デ並木があり秋の彩りが待ち遠しい。本殿右のシダレザクラ、ネズミモチ、スギの大木2本に心打たれる。本殿左脇には神武天皇遥拝《ようはい》所跡がある。

老蘇《おいそ》小学校❻を右に見ながらさらに進む。郵便局を少し過ぎたあたり、道を横切る小さな川の畔に花が供えてある。見てみるとお地蔵さん（轟《とどろき》地蔵跡）❼である。案内板によると安産祈願と子安の地蔵で、千体の小幡人形の守り心が凝縮した霊験あらたかな地蔵跡のようだ。萱葺き屋根の杉原医院や福正寺を右にして進むと、左手に**奥石神社**《おいそ》❽の鳥居と参道がみえる。社叢《しゃそう》林（老蘇の森）が広がっており、心が安らぐ。時間の許す限りゆっくり休んでいくとよい。

東路の思い出にせん時鳥《ほととぎす》
老蘇の森の夜半《よは》のひと声
大江公資

社記によれば、「孝霊天皇5年（前286）、近江国では地面が裂け、水が湧き出て湖になり、とても人の住める所ではなかったが、石辺大連《いしべのおおむらじ》が松や杉などを植栽したところ、神の助けを得て、たちまち大きな森林になった。これに感謝して一宇を建立した。大連は100歳を越えても壮年を凌ぐ勢いだったから、当地を老蘇と呼ぶようにな

⬆教林坊の池泉回遊式庭園

った」と伝えている。「老蘇の森」は国指定史跡で、スギ、ヒノキのほか、シイ、ヤブツバキ、サカキ、ヤブニッケイなどの常緑樹が大半を占め、老大木が多い荘厳な森である。なお、奥石神社は鎌宮《かまみや》とも呼ばれるが、当社は背景の繖山《きぬがさやま》のご神体を遥拝する里宮で、本殿は火除け竈神《かまど》の釜《かま》大明神を祀ることに由来し、釜が鎌となり、鎌宮となったという。

神社の横の老蘇公園を抜けて石寺《いしでら》へと向かう。国道8号❾は交通量が多く横断するのは危険なので、左側に設置された地下道を利用するとよい。石寺の参道には低いクロマツ並木が続く。石寺楽市《らくいち》で右折し（まっすぐ行くと観音正寺《かんのんしょうじ》）、さらに左折して細い道を案内にしたがって進むと**教林坊**《きょうりんぼう》❿がある。駐車場があり、竹林におおわれた石段を上がり、本堂に向かう。ヨシ葺きの屋根と土壁の古風な蔵がある。池泉回遊式庭園を回って本堂の木造釈迦如来坐像、千手観音像に礼拝する。教林坊は繖山の西国三十三所観音霊場第32番札所・観音正寺の十坊の一つで、６０５年（推古13）、聖徳太子によって創建され、太子が林中説法されたことにより「教林坊」と名付けられた。本尊は安産守護の石仏で石の寺から「石寺」の地名が残る。また、平安後期の作と伝わる持国天像もある。庭園は正面より見て西庭に池泉回遊式池、左手に三尊石、中央に枯滝と鶴亀岩、南庭に枯山水を配した名園である。慶長年間（１５９６〜１６１４年）、この山の古墳の大きな蓋石《ふたいし》などを利用して造営したという。

教林坊を出発し、旧中山道を

⬆石塚付近の萱葺き民家と石灯籠

⬆清水鼻の名水

左に折れ五個荘《ごかしょう》方面へ向かう。途中、右手に蓮池、左手に清水《しみず》鼻《ばな》の名水⑪がある。名水からほどなく広い市道に出る。ここで右に折れて国道をわたり、しばらく進んで再び松並木のある旧中山道⑫に入る。山本郵便局を過ぎたところで県道⑬に出合う。時間がなければここで散策を終えて、「石塚」バス停からJR能登川《のとがわ》駅または近江鉄道八《よう》日市《かいち》駅に向かうとよい。ここからさらに進むと、白壁土蔵の旧家、萱葺き屋根の民家、塀越しに見える庭木など旧街道の雰囲気が味わえる。五個荘郵便局⑭を過ぎたあたりで右折して町内の細い道を進み、さらに右折すれば近江鉄道五箇荘《ごかしょう》駅⑮はすぐそこである。

（富長）

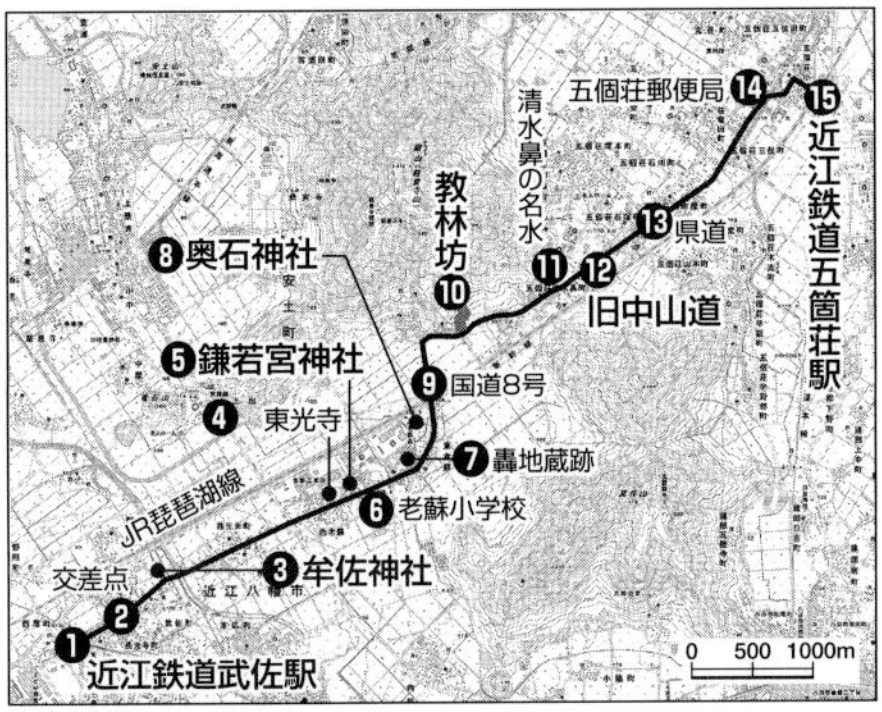

アクセス

行き：JR琵琶湖線近江八幡駅から近江鉄道本線に乗換え、武佐駅下車

帰り：近江鉄道本線五箇荘駅または「石塚」バス停から近江鉄道バスでJR能登川駅か近江鉄道八日市駅へ

問い合わせ

近江八幡市商工観光課	☎0748-36-5517
安土町観光協会	☎0748-46-4234
東近江市観光協会五個荘支部	☎0748-48-2100
奥石神社	☎0748-46-2481
教林坊（公開不定期）	☎0748-46-5400
近江鉄道バス八日市営業所	☎0748-22-5511

周辺観光ガイド

観音正寺	☎0748-46-2549
近江商人屋敷・藤井彦四郎邸	☎0748-48-2602

太郎坊宮と河辺いきものの森

●東近江市

風光明媚な箕作山の社寺と河辺いきものの森を歩く

約7km　約5時間

春　秋　冬

↑桜並木の太郎坊宮参道

晩秋の紅葉も美しい太郎坊宮➡

近江鉄道太郎坊宮《たろうぼうぐう》前駅❶を出て右を見ると一の鳥居がみえ、赤神山《あかがみやま》の中腹にある太郎坊宮まですぐに参道がのびている。参道には桜とつつじが植えられており、それぞれの季節には美しい花を咲かせる。参道の両側には田畑が広がっていて、春には水面から顔を出している稲の苗を、初秋には黄金色に輝く稲穂を見ることができる。二の鳥居前には神饌田《しんせんでん》❷もあり、毎年5月第3日曜日にはお田植大祭が行われる。

1kmほど歩くと、太郎坊宮の石段にたどり着く。最初の石段を登りきったところに、天台宗**成願寺**《じょうがんじ》❸がある。寺の周囲に小

⬆瓦屋禅寺境内の鮮やかな紅葉

さいながらシイ林が残っていて、5月頃に黄金色の花を咲かせる。左手にある石段を太郎坊宮本殿めざして上っていく。石段が苦手な人は右手の車道を行ってもよい。石段の両側にはリョウブ、タカノツメ、マルバアオダモ、アセビ、ヒサカキなどの落葉樹や常緑樹の林が広がっていて、どの季節に行っても、すがすがしさを感じることができる。太郎坊宮の石段には真ん中に手すりがあるので上りやすい。

⬆磐境信仰の象徴「夫婦岩」

石段を上りきったあたりで、この山を造る湖東流紋岩《りゅうもんがん》の大きな岩❹に出合う。岩は二つに割れていて、その間が通れるようになっている。長さは12m、幅は狭く80cmほどである。この岩は「夫婦岩《みょうといわ》」と呼ばれ、神の力によって開いたと伝えられ、磐境《いわさか》信仰発祥の地とされている。そこを通り過ぎたところに本殿があり、本殿前の展望台より東近江一帯を見渡すことができる。近年、住宅地が増えつつあるものの、田畑はまだまだ多く残っていて、湖東平野の豊かさを感じることができる。冬には赤い実のタマミズキが目に入る。太郎坊宮は阿賀《あが》神社といい、天照大《あまてらすおお》御神《みかみ》の第一皇子神である正哉《まさか》吾《あ》勝勝速《かつかちはや》日天忍《ひあめのおし》穂耳命《ほみみのみこと》を祀っていて、勝運授福の神社である。標識にしたがって石段を下り、参集殿下の広場から延命山観光道路を通って、瓦屋禅寺《かわらやぜんじ》に向かう。観光道路をしばらく行くとT字路❺に出合うが左に進む。両側は落葉樹や常緑樹の明るい林になっていて、春にはマンサク、タムシバ、ショウジョウバカマなどが花をつける。

観光道路の終点に、臨済宗妙心寺派**瓦屋禅寺**❻がある。寺名は聖徳太子が大阪・四天王寺創建の際、この地で瓦を焼いたことにちなんでいる。本堂は1607年（天正12）に建てられた葦葺きの入母屋《いりもや》造の建物で、本尊の木造千手観音立像は重要文化財である。境内にはシイやウラジロガシ、スギ、ヒノキ、モミなどの大木が茂り、カエデ類が多く植えられていて、苔むした庭とよく調和している。桜やアジサイ、ムクゲなど季節の花も多い。

⬆林床に咲くショウジョウバカマ

閻魔《えんま》堂のそばの石段を下りて、吉住池へと向かう。この石段はあまり加工していない自然に近い石を使っていて、古い時代の面影を感じることができる。雨後はすべりやすいので注意が必要である。長い石段をおりたところ（大門《だいもん》）❼で市道を左に進み、しばらく行くと右手に**吉住池**《よしずみ》❽がある。池畔には桜が植えられている。ふだん水はほとんどなく、湿原状態であり、一部は草原になっている。かつては湧水があり、水をたたえた池であった。

近江鉄道の踏切を渡りT字路❾を右折し、二つ目の信号で左折して進むと右手に小さなケヤキ林❿がある。次の交差点で左

植物豆知識

ナラガシワ（ブナ科）

落葉高木。葉はカシワに似て大きく、長さ12～30㎝、葉の裏には毛が密生し灰白色。どんぐり（堅果）は一年型で長さ2㎝、殻斗《かくと》は瓦状。

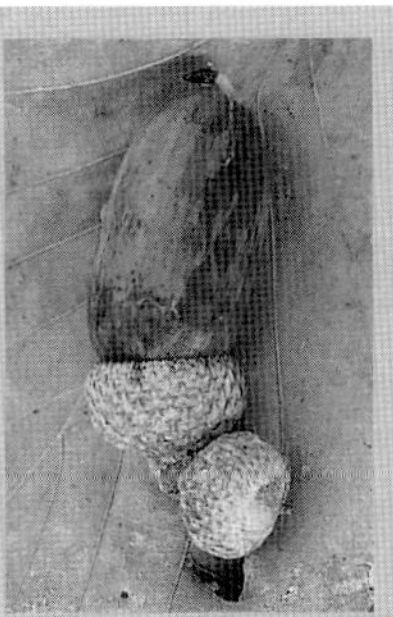
ナラガシワのどんぐり

⬆河辺いきものの森の林冠トレイル

⬆瓦屋禅寺の苔むした石段

折して県道に沿って進んでいくと**河辺いきものの森**⓫が見えてくる。この森はアラカシ、コナラ、アベマキ、ナラガシワなどどんぐりをつけるブナ科やケヤキ、エノキなどニレ科の樹木を中心に構成された里山の自然観察施設となっている。ネイチャーセンターには森に詳しい指導員が常駐しているほか、樹冠を観察するための歩道橋（林冠トレイル）が作られていて、木々の真上からどんぐりの花や実を観察することができる。

帰りは森の横の細い道を水路に沿って北に進み、道標にしたがって１・５㎞ほど歩くと、田んぼの中に小さな駅・近江鉄道河辺の森駅⓬が見えてくる。

（和田）

湖東・東近江

アクセス

行き：近江鉄道八日市線太郎坊宮前駅
帰り：近江鉄道本線河辺の森駅

問い合わせ

東近江市商工観光課	☎0748-24-5662
近江鉄道鉄道部	☎0749-22-3303
太郎坊宮	☎0748-23-1341
瓦屋禅寺	☎0748-22-1065
河辺いきものの森	☎0748-20-5211

周辺観光ガイド

延命公園
八日市駅裏にあり、八日市随一の桜名所。コナラの大木がある。

松尾神社庭園
延命公園に隣接し、桃山時代初期の作庭とされる。

⬆永源寺山門前の紅葉

永源寺と東光寺

●東近江市

錦織りなす東近江・山野辺の道を歩く

春 秋

約8km　約5時間

近江鉄道八日市《ようかいち》駅で近江鉄道バス「永源寺《えいげんじ》車庫」行に乗車する。バスは市街地を抜け、八風《はっぷう》街道（国道421号）を一路、鈴鹿の山並へと向かう。愛知《えち》川に架かる紅葉橋を渡ると、永源寺はもうすぐだ。

「永源寺前」バス停❶で下車し、まずは臨済宗大本山**永源寺**❷を訪ねよう。永源寺は鎌倉時代、寂室元光《じゃくしつげんこう》禅師が伽藍《がらん》を建立したのが始まりとされ、毎年5月には寂室禅師奉賛大茶会が催される。湖東三山とともに関西でも有数の紅葉の名所として知られ、晩秋には石段から総門、山門、方丈（本堂）へと至る参道一帯は紅葉でおおわれ、多く

⬆新緑の頃の永源寺前景（中央の流れは愛知川）

⬆高野神社鳥居前のカゴノキ

の参拝者で賑わう。自然をゆっくり味わいたいなら木々が芽吹き、カエデが花咲く新緑の頃もいいだろう。

永源寺を後にして、門前の永源寺高野町を歩く。右側に政《まん》所《どころ》茶木村園、左側に岡本こんにゃく店が店を構えている。お茶とこんにゃくはともに永源寺の特産品である。やがて「永源寺こんにゃく」の看板❸が見えたところで、右折して細い道に入る。両側に茶畑を見ながら進み、途中の常夜灯❹で右折してこの地の産土神《うぶすながみ》**高野神社**へ向かう。鳥居の前には鹿《か》の子《こ》模様をした幹が特徴のカゴノキ❺がある。石段の参道には勧請《かんじょう》縄が張られている。社叢《しゃそう》❻にはスギ、ヒノキのほかシイやシラカシ、イヌマキ、ヤブツバキなどが多い。

参道を戻り常夜灯で右折する。家々のよく手入れされた庭木❼が美しい。集落を抜け水路

⬆東光寺境内の紅葉

⬆梅の花咲く北野神社

に沿って坂を下ると、県道508号❽に合流する。県道の右手には明神山《みょうじんやま》（標高685m）、左手には愛知川の流れがある。しばらく行くとやや上り坂になり、愛知川河岸段丘の段丘面上を歩く。「湖東三山《さんざん》」などの看板を横目に進むと、左側にサクラ並木とアジサイの植込が見られ、右側に**菅原神社**❾がある。菅原道真公を祀る天神社で、社叢にはウメやサクラのほか、シイやアラカシ、スギやモミなどの大木が多い。

菅原神社前を少し過ぎると道路は分岐するが、右側の県道をそのまま進む。1kmほど歩くと「平尾」バス停があり、「白鹿脊《はっかせ》山《ざん》東光寺」と書かれた石柱❿が立っている。ここで右折し集落内の細い道路を山手へと上る。途中、北野神社⓫や地蔵堂に立

植物豆知識

エイゲンジザクラ（バラ科）

永源寺の境内には、かつてサトザクラの栽培品種で「永源寺」という名をもつサクラの原木があった。その後、いつの間にか消滅したが、1999（平成11）年から永源寺商工会女性部によって地域産業振興会館前など旧永源寺町内各地で植えられている。花径は4～5cm、花弁は8～15枚で白色、つぼみのときには淡紅色を帯びている。4月中～下旬に開花するので、役場前（永源寺支所前）バス停で途中下車して観察するとよい。

エイゲンジザクラ

ち寄りながら、やや急な坂道を上りきったところに**東光寺**⑫がある。聖徳太子の草創と伝えられる古刹で古くは天台宗であったが、兵火で焼失後、慶長年間（1596～1614年）に再興され浄土宗に転じた。境内の紅葉は色鮮やかなことで知られ、知る人ぞ知る「もみじ寺」である。

もと来た道を下り、県道に出て北へ進み、右手の溜池を過ぎた変則の交差点⑬で左折する。道路の左右には田園地帯が広がっており、春には菜の花畑、秋には頭を垂れた稲田が美しい。途中で左折して農道を進み、棚上川沿いの道を行く。やがて前方に**道の駅あいとうマーガレットステーション**⑭が見え、ナノハナやポピー、ラベンダー、ヒマワリ、コスモスなど季節の花が迎えてくれる。帰りはここから湖国バスが八日市駅まで運行している。

（大谷）

⬆道の駅あいとうマーガレットステーションとコスモス畑

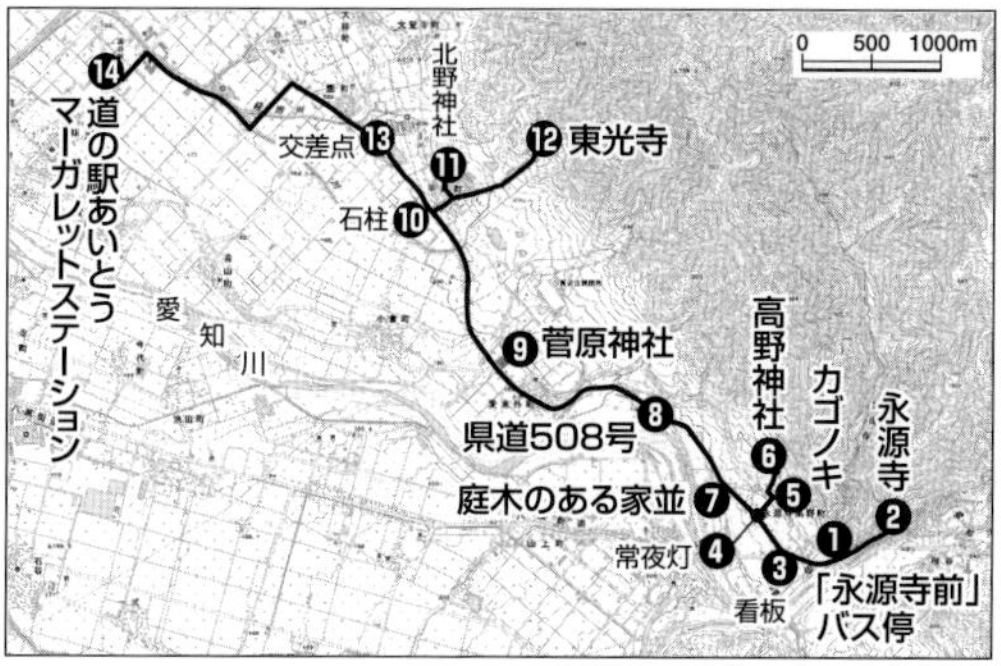

湖東・東近江

アクセス

行き：近江鉄道八日市駅から近江バス「永源寺車庫」行「永源寺」下車

帰り：マーガレットステーション前から湖国バス「八日市駅」行終点下車（本数少なく要確認）

問い合わせ

東近江市観光協会永源寺支部	☎0748-27-0444
同　愛東支部	☎0749-46-2264
近江鉄道バス（湖国バス）八日市営業所	☎0748-22-5511
永源寺	☎0748-27-0016
東光寺	☎0749-46-1335

周辺観光ガイド

日登美美術館＆ヒトミワイナリー＆ひとみパン工房	☎0748-27-1707
愛郷の森・池田牧場	☎0748-27-1600

食事処

あずまや（こんにゃく会席、湯豆腐など）	☎0748-27-0029
霜錦館（鮎・岩魚料理、雑鍋、牡丹鍋など〈要予約〉）	☎0748-27-0026

百済寺と金剛輪寺

湖東三山・山野辺の道　天台宗の古刹と花をたずねて

●東近江市・愛荘町

約10km　約6時間

春夏秋

⬆桜が満開の「百済寺」バス停付近

⬇引接寺「来迎浄土」石仏群

JR能登川《のとがわ》駅から近江鉄道バス角能線「市ヶ原」行に乗車する。「百済寺《ひゃくさいじ》本町」バス停❶で下車し、まずは「万灯供養」で

⬆さつき庭園として名高い百済寺喜見院庭園

⬆金剛輪寺本堂とアジサイ

知られる天台宗**引接寺**《いんじょうじ》❷を訪ねよう。本殿の裏手にある「来迎浄土」には5000体余りの石仏が祀られ、これらを供養するかのようにサクラ、ボタン、シキミ、フヨウなどの花に彩られる。ここから、早春ならショウジョウバカマ、ミヤマカタバミ、スミレなど山辺の花を楽しみながら、引接寺の本坊・百済寺に向かう。

　釈迦山百済寺は聖徳太子の発願により建立されたと伝わる天台宗の古刹であり、西明寺《さいみょうじ》、金《こん》剛輪寺《ごうりんじ》とともに「湖東三山《さんざん》」と呼ばれ、紅葉の名所である。表参道の赤門❸から苔むした石段を踏みしめ、受付をすませたら、**喜見院**《きけんいん》❹で仏教の名木ボダイジュを観賞した後、広大な池泉回遊式庭園の水辺にたたずむもよし、展望台から湖東平野を望むもよし、サツキの頃は絶景である。再び、表参道から仁王門を経て本堂❺をめざす。杉並木の石段は体力を要するが、帰りはミツマタ、ヤブツバキ、ホンシャクナゲなど脇参道の木々を愛でながら「百済寺」バス停❻へ下る。

　数ある標識に戸惑いながら、「湖東三山自然歩道」の道標を頼りに直進すると百済寺の集落である。名神高速道路の往来と湖東平野を一望しながら下ると、右手に天台宗の守護神**坂本神社**❼がある。注連縄《しめ》のかかるスギやヒノキを仰ぎながら高架をくぐって右折、その先で左折すると再び展望が開けるので深呼吸をして野道を歩く。あまり遠方に見とれて近くの標識を見落とさないようにしたい。迷ったときは下りながら、右方向の川に設置された白いガードレールをめざすと良い。周辺はあまり大きくないアカマツと、アカメガシワ、ネムノキ、コナラ、イタドリ、アケビなどの草木が目につくが、これらも四季折々に花が咲き、秋には赤い実やドングリをつける。そんな思いで眺めていると車道に到着する。

「きたがわはし」❽を渡り、白亜のホテル・クレフィール湖東を経て名神高速道路へ向かおう。高架をくぐると宇曽川ダムの石積み堰堤が望める。急カーブ❾を左折して宇曽川を渡ると愛知《えち》郡愛荘《あいしょう》町である。

高速道路をくぐって分岐点❿を右折した先に忽然と現れる**上《かみ》蚊野《かの》古墳群**⓫は、旧秦荘《はたしょう》町の地名に名をとどめる渡来系豪族の墓である。春には桜が美しい。ここで一息入れて、上蚊野と松尾の落ち着いたたたずまいを歩く。お地蔵様⓬の前で左折して大行事《だいぎょうじ》神社のシイの古木を右に見ながら、高架をくぐると**金剛輪寺**の門前⓭に到着する。

松峰山金剛輪寺は行基《ぎょうき》によって開山され、後に天台宗となった。ここは「花の寺」として、

⬆金剛輪寺明寿院庭園のシャクナゲ

植物豆知識

サツキ（ツツジ科）

花期は陰暦の五月（皐月）、現在の6月頃である。自生を目にすることは少ないが、古くから数多くの園芸品種が作られ盆栽の愛好家も多い。また常緑で刈り込みにも耐えることから、花がなくても庭園を演出する低木として広く植栽され、「さつきの名園」として名高い庭園も数多い。

また紅葉は「血染めのもみじ」として名高い。サツキ、スイレン、サギソウなど四季趣のある明寿院《みょうじゅいん》の**池泉回遊式庭園**⑭を訪ねたら、千体地蔵を拝みながら三重塔と本堂（国宝）⑮をめざす。しばし息を整えたたずむ時、サンショウソウの地味な姿が疲れを癒してくれる。

　最後に北隣にある金剛輪寺の末寺**西光寺**《さいこうじ》⑯に立ち寄ろう。4月初旬には門前の北にそびえる石塔の傍らで、天台宗に因んだテンダイウヤクの花に出会える。5月には花見堂のお釈迦様が拝見できて甘茶の接待も受けられる。盛夏、境内のサルスベリも大変美しい。

　帰りは、門前にある「金剛輪寺」バス停⑬に戻って、彦根観光バス（稲枝《いなえ》循環線・蚊野線）でJR稲枝駅に向かう。（森）

⬆西光寺のテンダイウヤク

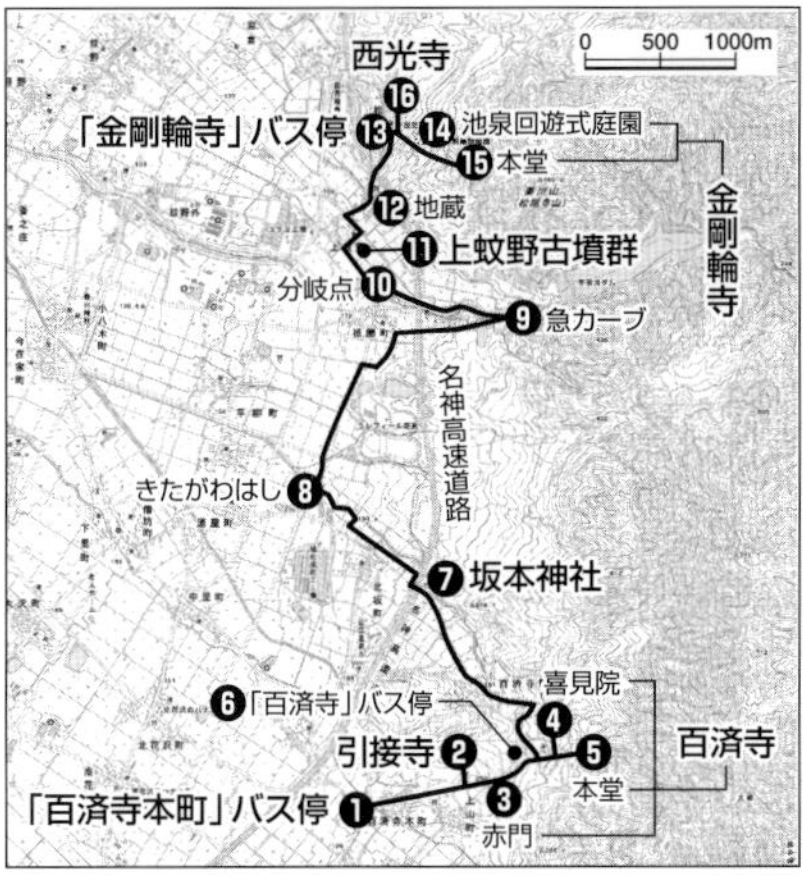

アクセス

行き：JR琵琶湖線能登川駅から近江鉄道バス角能線「市ヶ原」行「百済寺本町」下車、または近江鉄道八日市駅で東近江市コミュニティバス「ちょこっとバス」愛東北循環線「百済寺本町」下車

帰り：金剛輪寺門前「金剛輪寺」バス停から彦根観光バス稲枝循環線（蚊野線）終点JR琵琶湖線稲枝駅下車（ただし平日のみ）

周辺観光ガイド

愛荘町立歴史文化博物館	☎0749-37-4500
手織りの里　金剛苑	☎0749-37-4131

食事処

クレフィール湖東	☎0749-45-3880
近江温泉湖東ホテル	☎0749-46-1201
金剛輪寺境内・華楽坊	☎0749-37-3211

問い合わせ

近江鉄道バス彦根営業所　☎0749-25-2503

※観光シーズンには湖東三山巡りの臨時バスの運行があり、これを利用すると便利である。

東近江市生活環境部交通政策課（ちょこっとバス）　☎0748-24-5658

彦根観光バス	☎0749-43-5711
タクシー（百済寺・金剛輪寺）	☎0749-22-0106
東近江市商工観光課	☎0748-24-5662
愛荘町農林商工課	☎0749-42-7693
引接寺（8月：万灯供養）	☎0749-46-1285
百済寺（5月3日：さつきコンサート）	☎0749-46-1036
金剛輪寺（8月9日：観音盆千日会と地蔵盆会）	☎0749-37-3211
西光寺（5月5日：花祭り）	☎0749-37-3574

⬆在士・八幡神社のフジの花

せせらぎ遊園と西明寺

●甲良町

清らかな流れとともに偉人の故郷と名木をたずねて

約10km　約5時間

春夏秋

近江鉄道尼子《あまご》駅❶で下車し、まずは戦国の武将・尼子氏（佐々木一族）のふるさとをたずねよう。新幹線の高架をくぐりクスノキ並木の県道を行くと、左前方に白い校舎（甲良《こうら》西小学校）と尼子の産土神《うぶすながみ》**甲良神社**❷の社叢《しゃそう》が見えてくる。重厚な本殿は重要文化財に指定されている。社殿を包み込むかのような勇壮な姿のスギやエノキ、カゴノキ、アラカシ、シラカシなどの古木もある。

ここからサクラ並木を経由して再び県道に出る。左折して石畳の歩道❸を歩き、三叉路❹を左側の細い道に入る。この道は、戦国の武将であり築城の達人と賞された藤堂高虎《とうどうたかとら》のふるさと・在士《ざいじ》へ続いている。

5月、在士の**八幡《はちまん》神社**❺では「藤切祭り」が開催される。フジは高虎がこよなく愛した花で、境内にはフジの古木があり藤棚が作られている。切りとられた長いフジの房は今も東京の藤堂家に献上され、観光客にも振る舞われる。フジは「町の花」でもあり、**親水公園（高虎公園）**❻や鬼藤山**浄覚寺《じょうかくじ》**❼など各所に植栽されている。フジのような華やかさはないがカゴノキ、タブノキ、ムクノキ、ケヤキなどの老木もすばらしい。

集落の細い道を通って「甲良町役場」の信号に出ると役場の一角に、日光東照宮の大棟梁、**甲良豊後守宗廣《ぶんごのかみむねひろ》の像**❽が自ら造営した甲良神社本殿を見つめるようにしてたっている。宗廣のふるさと法養寺の**甲良神社**❾の右側には細かな縦縞の樹皮をした大きなムクノキが目をひく。樹齢を重ねた株は盛り上がり板根状をなす。隣にはまだら模様のケヤキが並び、奥には町内最大級のケヤキが威厳を放っている。

林縁のモチノキ、カクレミノ、ウラジロガシなどを観察しながら甲良東小学校へ向かう。途中、

⬆紅葉の西明寺三重塔

⬆法養寺・甲良神社の大ケヤキ

⬆甲良町立図書館（旧小学校校舎）

その先の信号脇にある「うす」（臼）の看板⑩が目につくが、ケヤキ材を使った「甲良臼」は町の特産品である。小学校の向いにある町立図書館⑪は、解体寸前を運良く免れた総ひのき造の小学校旧校舎である。現役で頑張る姿をちょっと覗いて、一息入れたら県道を渡り池寺へ向かう。

池寺親水公園**ひいらぎの森**⑫は1本のカゴノキと10本のヒイラギで構成されている。よく見ると樹齢300年という老木のヒイラギの葉には刺状の鋸歯《きょし》はなく丸い。小さな野神さんが祀られた「ひいらぎの森」を後に、「みのりの道」を途中で左折して若宮溜へ向かう。

4月初旬なら**若宮溜**《わかみやだめ》⑬は桜色に染まり足取りも軽くなる。見事なサクラとともに堰堤には幹周約8mもあるご神木スギがそびえ、株元には防火の願いが込められた祠が祀られている。水辺には水草やヨシが茂り、四季折々憩いの場となっている。木道が設置されているので池を一周することもできる。

溜池を後に池寺の産土神**山王**《さんのう》**大宮**《おおみや》⑭を経て西明寺《さいみょうじ》に向かう。龍応山**西明寺**⑮は「湖東三山《さんざん》」

植物豆知識

ヒイラギ（モクセイ科）

主に山地に生育する常緑小高木である。花は寒い季節に芳香を放って開花する。厚く堅い葉には鋭い刺状の鋸歯がある。この鋭い刺が邪気を払うとされ、節分には鰯とともに門口に飾る風習が残るが、老木になると刺は失われ、全縁の葉となる。

⬆池寺のひいらぎの森

⬆西明寺庭園のシャクナゲ

の一山であり、国宝の本堂と三重塔は美しい建築美を放つ。イロハモミジなどの紅葉と県指定天然記念物の不断桜（シキザクラ、樹齢約２５０年）が見頃を迎える11月は観光のピークとなる。早春のウメにはじまり、カスミザクラ、シキミ、シャクナゲ、ノウゼンカズラ、サルスベリ、本堂のボダイジュなどが順次花を開き、年中楽しみが尽きない。とりわけ、蓬莱庭《ほうらいてい》の端正に刈り込まれたサツキの造形美は花がなくてもすばらしい。

再び若宮溜に戻り、国道３０７号にいったん出て、途中⑯で左折して池寺の集落に入り、集会所横⑰を右折して再び国道⑱に出る。その先の信号の手前「金屋《かなや》」バス停⑲で尼子駅または河瀬駅へ向かう湖国バスを待つ。

（森）

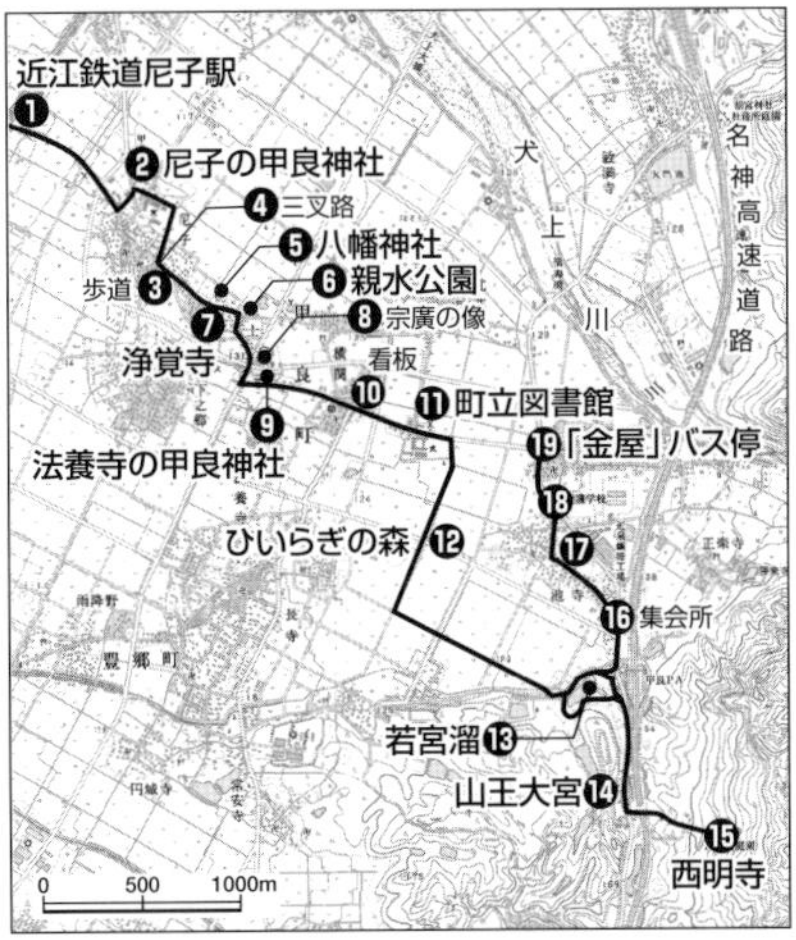

湖東・東近江

アクセス

行き：近江鉄道本線尼子駅、またはJR琵琶湖線河瀬駅東口から湖国バス「川相」「萱原」行「尼子駅」下車

帰り：「金屋」バス停から湖国バス「河瀬駅東口」行「尼子駅」または終点下車

問い合わせ

甲良町産業振興課	☎0749-38-5069
西明寺	☎0749-38-4008
近江鉄道（湖国バス）彦根営業所	☎0749-25-2501

周辺観光ガイド

勝楽寺 ☎0749-38-2041
バサラ大名・佐々木導誉ゆかりの寺。

金山神社（金屋地区）
千草盆：８月に野菜や花でヤッサと呼ぶ飾り物が奉納される。

甲良豊後守宗廣記念館（法養寺地区） ☎0749-38-3656

食事処

一休庵 ☎0749-38-3851

多賀大社と飯盛木

●多賀町

歴史と自然を楽しむ多賀三社の森と名木めぐり

約10km　5時間

春秋

⬆多賀大社

⬆男飯盛木

ＪＲ彦根駅で近江鉄道に乗り、高宮《たかみや》駅で「多賀大社前駅」行の電車に乗り換える。車窓から春はレンゲ、初夏はヤブカンゾウ、秋はヒガンバナと色鮮やかな季節の花を楽しむことができる。

多賀大社前駅❶で下車し、まず「お多賀杓子《じゃくし》と飯盛木《いいもりぎ》（「いもろぎ」ともいう）で有名な多賀大社の大ケヤキの**飯盛木**をめざそう。名神高速道路に沿って歩き、道路に出たら右方向に曲がると多賀大社の「打籠《うちごめ》の馬場《ばんば》」❷がある。多賀大社古例大祭で「富の木渡し」という神事が行われる場所である。ここからすぐの所に2本のケヤキの巨木❸がある。手前が男飯盛木、少し離れて女飯盛木があり、歴史を刻み込んだその姿に心打たれる。

飯盛木を背に犬上川方面へ歩いて行くことにしよう。春は犬上川堤防の桜並木や青龍山《せいりゅうさん》のピンクに染まった姿が楽しめる。新緑、紅葉も美しく四季折々の景色を味わって歩いてほしい。堤防下の道路を犬上《いぬかみ》川に沿って上流に向かうと国道307号❹に出る。ここで右に折れ、福寿橋を渡ってすぐに左折し、**犬上川堤防**❺を歩いていくと途中から遊歩道に入れる。春は桜のトンネルになり人々の憩いの散歩コースになっている。

金屋橋《かなやばし》の手前にある楢崎《ならさき》古墳の案内板❻を目印に進むと、公園として整備された**楢崎古墳**❼に行き着く。山裾に進み佐和山《さわやま》城から移築された**高源寺**❽の立

⬆大瀧神社の紅葉

⬆高源寺本堂とシダレザクラ

派な門をくぐって石段を上っていくと、樹齢100年、高さ15mのシダレザクラと落ち着いた庭に行き着く。

　高源寺から脇参道を下り、犬上川に架かる楢崎橋を渡る。県道❾に出て右に折れしばらく歩いて行くと、左手高台の大きなシダレザクラが迎えてくれる。夏には白いサルスベリも美しい。

　桜の木の向かい側にすぐ**大瀧**《おおたき》**神社**❿の鳥居が見えてくる。「滝の宮」ともいわれる大瀧神社は、犬上川の奇岩怪石に富む景勝地にあり、春は桜、秋は紅葉が美しい。またユキヤナギ、ミヤマカタバミ、イチリンソウなどいろいろな植物を楽しむことができる。帰りは犬上川の流れにそって、整備された遊歩道を通って行くとよい。

　遊歩道から県道に出て標識⓫にしたがって胡宮《このみや》神社に向かう。途中、金屋橋手前⓬では5月中旬、ジャケツイバラが堤防

⬆大瀧神社のイチリンソウ

⬆富の木渡し（宮司から馬頭人にカツラの枝が渡される）

植物豆知識

飯盛木はケヤキ（ニレ科）

　養老年間に時の帝の病気治癒の祈祷を勧め、神供の飯に四手の木で制作した杓子をそえて献上したところ、めでたくご快癒されたという。これは「お多賀杓子」の縁起として有名な言い伝えである。「飯盛木」は杓子を作った余りをさしたものといわれているが、樹種は2本ともシデ類（カバノキ科）ではなく、ケヤキである。

富の木渡しとカツラ（カツラ科）

　多賀大社古例大祭（4月22日）で、杉坂峠の麓、栗栖《くるす》の調宮《ととのみや》神社にあるカツラの大木の小枝を神輿鳳輦《ほうれん》に飾り、ここを出発する。そして打籠の馬場において、お使殿と馬頭人に宮司よりこの桂《カツラ》の枝を渡す儀式を「富の木渡し」という。豊饒を祈っての儀式である。カツラは湿潤な谷筋などに自生する落葉高木で、葉はハート形で秋に黄葉する。

一面明るい黄色の花を咲かせる。最近見ることが少なくなっている花なので大切にしたいものである。「守野《もりの》」バス停⑬で右に曲がり、案内板に沿って大《だい》門《もん》池を回り込むと**胡宮神社**⑭の鳥居に到着する。背後の青龍山には磐座《いわくら》や中世墓地群石仏谷《いしぼとけだに》がある。ハイキングコースが整備され、ショウジョウバカマやセンブリなども見ることができる。

胡宮神社から国道３０７号を下り、多賀の交差点⑮で左に曲がる。さらに進むと延命長寿の神として信仰を集める**多賀大社**⑯の鳥居と太鼓橋が見える。春にはシダレザクラが見事に咲き、境内を彩る。本殿裏には数十本のスギの大木を中心にした森が広がり、神々しさを醸し出している。林床にはワサビやイチリンソウなどの山地性植物も見ることができる。境内社・天満神社の西側にはイチイガシが見られるなど、林内は照葉樹林の様相を呈している。心穏やかに参拝した帰りは、多賀大社から絵馬通り⑰を多賀大社前駅まで散策しよう。

（中川）

⬆胡宮神社鳥居と桜

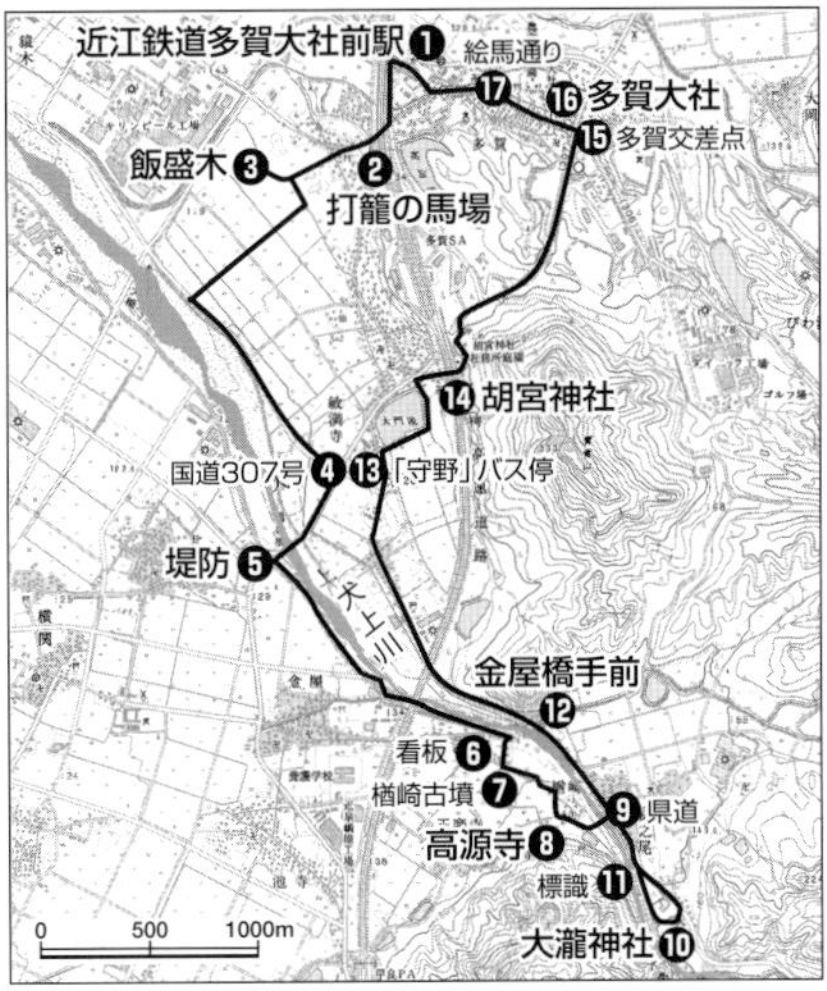

アクセス

行き帰りとも：近江鉄道多賀線多賀大社前駅

問い合わせ

多賀町観光協会	☎0749-48-2361
多賀町観光案内所	☎0749-48-1553
多賀大社	☎0749-48-1101

食事処

多賀大社境内や参道沿い、町役場周辺、名神多賀SAなどにある。

湖東・東近江

彦根城と龍潭寺

彦根城・玄宮園と佐和山山麓の花めぐり

●彦根市

約6km　約5時間

春夏秋

⬆彦根城の桜

ＪＲ・近江鉄道彦根駅❶から正面の大通りを歩いて約10分、彦根城の中堀が見えてくる。白鳥の泳ぐ水面に沿道から**いろは松**❷が枝を伸ばす。築城の折、47本植えられたのにちなんでこう呼ばれてきた。このあたりから佐和口《さわぐち》多聞櫓《たもんやぐら》と天守を望むのが一番のビューポイントで、ことに桜の頃は素晴らしく観光客の訪れが最も多い。桜は城域全体で約1300本あるといわれる。

内堀にかかる表門橋から城内に入る。表坂を上り、そのまま大手坂を下りると**梅林**❸が広がる。米蔵跡に戦後間もなく植えられたものだが、白加賀と豊後種が約400本、3月末の遅い開花だ。表坂を左にとると天秤《てんびん》櫓の前に**オオトックリイチゴ**❹が見られる。彦根城固有種で、牧野富太郎・平瀬作五郎により発見、命名された記念すべき植物である。太鼓門《たいこもん》櫓をくぐり天守台に着くと、売店の東側、石垣に接して**エドヒガンの大木**❺があり、濃いピンク色の花をつける。樹齢は200年以上で、井伊《いい》家の江戸詰めの藩士が江戸から苗木を持ち帰って植えたものだろうと伝えられている。

　天守の裏を通って黒門から**玄**《げん》**宮園**《きゅうえん》❻に向かう。延宝年間（1673～80年）、4代藩主直興《なおおき》が造営した槻《けやき》御殿の東に続く大名庭園で、国の名勝に指定されている。外周にはイスノキが多い。イスノキは暖地性植物であるが、彦根で幕末の一時期盛んであった湖東焼を作る時、この木の灰を釉薬《ゆうやく》として用いたので各所に植えられたという。庭の中央にある池の汀にキショウブ、ハンゲショウ、中ほどにコウホネが咲く。大小の石組みや築山《つきやま》にモミジの映える季節が一番美しい。

　玄宮園を出て内堀に沿って歩くと、友好都市・水戸市から贈

⬆彦根城玄宮園

⬆彦根城米蔵跡の梅林

⬆彦根城のオオトックリイチゴ

⬆龍潭寺のムクゲ「龍潭寺白」

⬆彦根城お堀のオニバス

⬆清凉寺のタブノキ

られた**二期咲桜**❼がある。春に咲く花より、花の少ない晩秋に咲く多数の白い花が目をひく。佐和口まで戻り左折し、埋木舎《うもれぎのや》を右に見て堀に沿って曲がる。このあたりの堀は8月には白花の**ハス**❽で埋めつくされる。以前は全体に鋭い刺があるオニバス（滋賀県絶滅危惧種）もみられたが、ハスの繁茂と水質悪化により年々減少しており、今は金亀《こんき》公園側の内堀❾に数株残るだけになった。時間があれば足を伸ばしてみるとよい。

ふたたび埋木舎まで戻り左折して進むと、旧港湾に突き当たる。船町《ふなまち》交差点を東に進み、次の船町東交差点❿で左折、10分程歩いてJRの踏切を越えると井伊家歴代の菩提寺**清凉寺**《せいりょうじ》⓫に着く。石田三成の家老島左近《しまさこん》の屋敷跡で、創建当時すでに生育

植物豆知識

オニバス（スイレン科）

滋賀県の絶滅危惧種。葉がハスに似て全体に鋭い刺がある。井伊氏が彦根に城を築いた時、防備のため堀に植えさせたと伝えられている。近年、堀の水質悪化とオニバスより背が高くなるハスの繁茂などにより減少傾向にある。見かねた市民が2007年（平成19）、オニバスプロジェクトを立ちあげ、保護活動を始めている。

オオトックリイチゴ（バラ科）

落葉低木。トックリイチゴ（中国および朝鮮半島南部原産の落葉低木で果実は薬用食用）とナワシロイチゴ（日本各地の山野に普通に見られる落葉低木で果実は食用）の自然雑種と考えられる。初夏に白い星形をしたがくの上に紅紫色のトックリ状の花を咲かせる。現在、天秤櫓前と彦根城博物館（旧表御殿）北側の土手に生育している。

⬆井伊神社のシダレザクラ

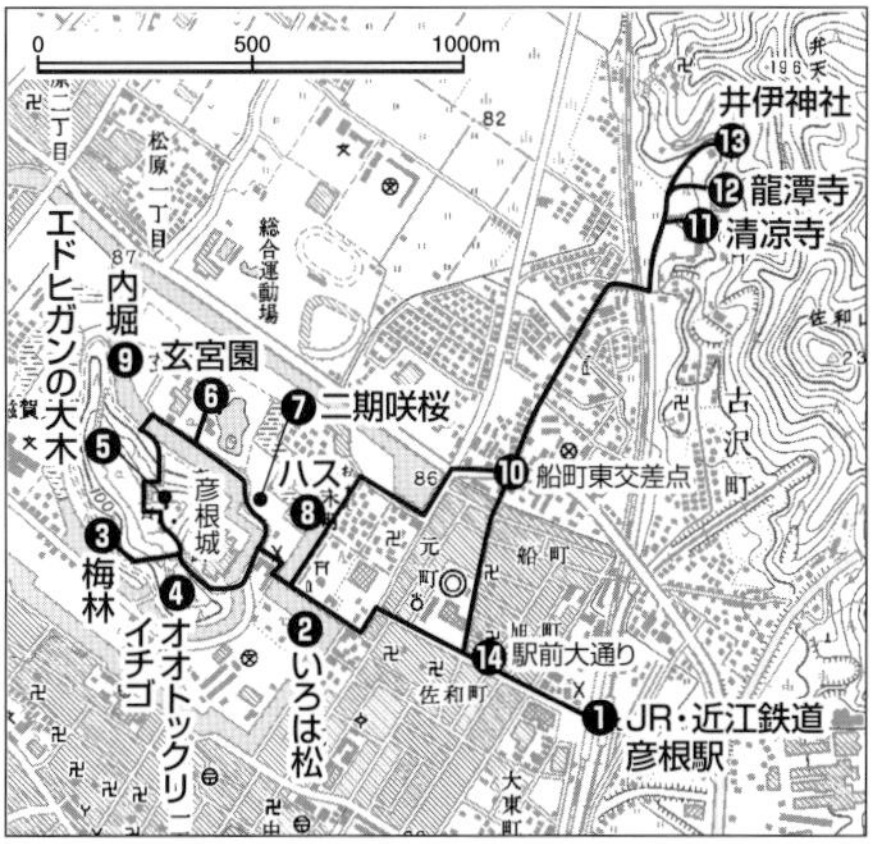

アクセス

行き帰りとも：JR琵琶湖線・近江鉄道本線彦根駅

問い合わせ

彦根観光協会	☎0749-23-0001
彦根城	☎0749-22-2742
龍潭寺	☎0749-22-2777
清涼寺	☎0749-22-2776

周辺観光ガイド

夢京橋キャッスルロード
（宗安寺 ☎0749-22-0801、夢京橋あかり館 ☎0749-27-5501）
四番町スクエア ☎0749-27-5820

その他

造園学発祥の地「園頭衆寮」

関ヶ原合戦の武功により井伊氏が佐和山城主となり、龍潭寺も井伊氏発祥の地である遠州・井伊谷から現在地に移された。以後、歴代藩主の保護のもとで、臨済宗の学問寺院として栄えた。叉衆寮（禅宗大学寮）が開設され、とくに園頭科はわが国初の造園学のアカデミーとして多数の造園学僧を輩出し、各地の禅寺庭園の施工にあたった。

していたと伝わるタブノキの老木が坐禅道場の前に枝を広げている。幹周610cm、空洞やこぶが目立つが、歴史の重みを感じさせる風格と貫禄を備えている。

北隣の**龍潭寺**《りょうたんじ》⑫の参道周辺にはムクゲが植えられている。「龍潭寺白」という品種で、純白で大輪の花が上を向いて咲く。近くに「園《おん》頭衆寮《ずしゅうりょう》旧跡」と刻まれた石柱が建っている。山門をくぐると、見上げるようなシダレザクラが2本、ピンクの濃淡で咲き分ける。書院北庭には樹齢約400年のナツツバキの古木が6月下旬、ツバキに似た白い花をつける。花は1日で散るが数十個の花をつけることもあるそうだ。

井伊神社⑬の境内には、初代藩主直政《なおまさ》のお手植えと伝えられるシダレザクラの大木がある。ひと頃樹勢が衰えていたが、市民の保存活動のおかげで、見事な花を咲かせるようになった。

帰りは船町東交差点⑩を渡ってまっすぐ進み、市役所の横を通って駅前大通り⑭に出ると、JR・近江鉄道彦根駅は左手奥に見える。

（出雲）

⬆地蔵川全景

醒井宿と清滝寺徳源院

地蔵川の梅花藻と徳源院の桜・紅葉めぐり

●米原市

約8km　約5時間

春夏秋

このコースは中山道六十九次の61番目の宿場「醒井《さめがい》宿」から60番目の「柏原《かしわばら》宿」までをめぐる。

JR醒ヶ井駅❶を出ると右側に観光拠点の「醒井水の宿駅《えき》」の目立つ建物が見える。清流・地蔵川へは駅前の国道21号を横断して突き当たりを左に折れる。途中に大正時代の洋風建物「醒井宿資料館」（１９１５年郵

⬆醒井宿資料館（旧郵便局）

⬆居醒の清水

便局として設立）がある。さらに進むと小さな橋にさしかかる。橋の前を左折して川に沿って進む。旧中山道である。ここから**居醒《いさめ》の清水《しみず》**❷まで約500mをゆっくり散策してみよう。醒井宿資料館（旧問屋場）、醒井公会堂、醒井木彫美術館などの建物がある。

豊富な湧き水は「十王水《じゅうおうすい》」や「居醒の清水」といわれ、初夏から秋にかけて川面にバイカモ（梅花藻）が可憐な白い花を咲かせる。春は桜、夏はサルスベリ、秋の紅葉、冬の雪景色など季節ごとに美しい風景が映る。清流にしか棲めない絶滅危惧種のハリヨ（体長4～6㎝の魚）が棲息するのもこの川の特徴である。

地蔵川に沿って進みはじめてすぐ左側に「天然記念物了徳《りょうとく》寺《じ》の御葉付銀杏」と書かれた注意しないと見過ごす石碑がある。路地を入ると左手に鐘楼があり、その後にあるオハツキイチョウは、一部葉の上に実をつけ、秋には黄色く熟して地上に落ちるので、探すのも楽しい。

⬆バイカモの花

⬆黄葉したオハツキイチョウ

湖北

⬆柏原宿

居醒の清水は地蔵川の源流であり、霊仙《りょうぜん》山系から水が湧き出ている。

ここを境に周囲の景色が変わり、旧中山道に沿って柏原宿に向かう。柏原宿までは約5㎞。国道21号❸と交わり、ここから国道の歩道を歩く。「旧中山道」の大きな石碑が途中にある。さらに進むと左側に国道を斜めに折れる道❹がある。ここで国道を横断して旧中山道に入る。桜並木、松並木、杉林、田園、集落などを見ながら歩く。復元された柏原一里塚❺を過ぎると次第に家並が多くなる。御茶屋御殿跡や常夜灯のある交差点❻で左折して清滝寺徳源院《きよたきでらとくげんいん》に進む。

案内板にそって清滝の集落に入る。消防団のポンプ庫の建物❼を左折し、しばらく行くと右手に「イブキ」の標識がある。細い道を50mほど進むと幹周4・9m、推定樹齢700年のイブキとしては県内最大級の**巨木**❽がある。元に戻り**清滝寺徳源院**❾の桜並木の参道を歩む。境内には、鎌倉時代より近江の守護職であった佐々木氏の一族・京極《きょうごく》家墓所があり、国の史跡に指定されている。本堂、

植物豆知識

オハツキイチョウ（イチョウ科）

了徳寺の境内に〝御葉付銀杏〟とよばれる国の天然記念物（昭和4年12月指定）のイチョウの巨木がある。幹周約4・3m、樹高20m、雌株。毎年8月から11月に多数の実を付けるが、その一部が葉面上に付く。雌花の花柄の先が2つに分かれて胚珠をつくり、一方は種子になり、他方が葉状化するもので葉面上に銀杏が付く状態になる。全国で約60本確認されている。県内では他に守山市の旧中山道沿いの東門院にもある。

葉に付いたイチョウの実

⬆清滝寺徳源院の「道誉桜」

⬆清滝のイブキ

位牌堂、三重塔があり、裏庭は池泉回遊式庭園である。本堂前には京極高氏《たかうじ》（佐々木導誉《どうよ》）お手植えとされる「道誉桜」（シダレザクラ）があり、見事な花を咲かせる。またここは秋の紅葉も美しい。

　徳源院をあとにして、旧中山道から別れた道を元に戻り、古い町並を東に向かう。江戸時代そのままの建物が残る伊吹もぐさの老舗の亀屋《かめや》佐京《さきょう》や、柏原宿歴史館があり、旅籠《はたご》屋跡、本陣跡、脇本陣跡、問屋場跡など柏原宿の風情を残している。柏原宿は中山道六十九次のなかでも規模が大きく、随分《ずいぶん》栄えた宿といわれる。旧中山道を東に進むと左側のやや入り込んだ場所にＪＲ柏原駅⑩がある。（上田）

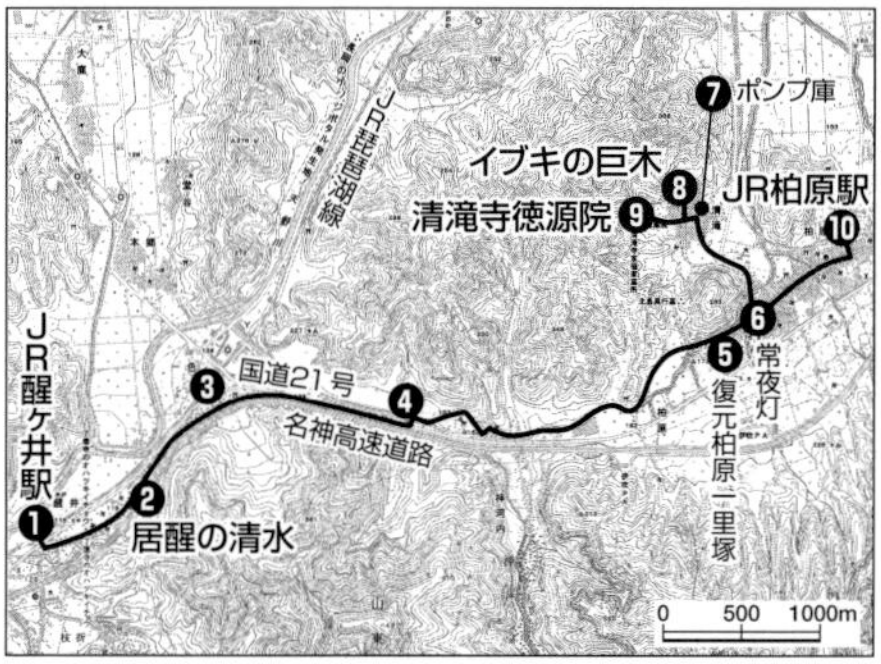

アクセス

行き：JR東海道本線醒ヶ井駅
帰り：JR東海道本線柏原駅

問い合わせ

米原市商工観光課　☎0749-58-2227
醒井水の宿駅　☎0749-54-5353
醒井宿資料館　☎0749-54-2163
柏原宿歴史館　☎0749-57-8020

周辺観光ガイド

醒井養鱒場
　ニジマスのほかアマゴ、イワナを飼育。☎0749-54-2715

食事処

醒井水の宿駅
　醒井の観光拠点で、特産品販売所や喫茶、レストランなどの店が入る建物。レンタルサイクルもある。

湖北

豊公園と長浜八幡宮

歴史と四季の花に彩られた町・長浜をたずねて

長浜市

約4km　約6時間

春夏秋冬

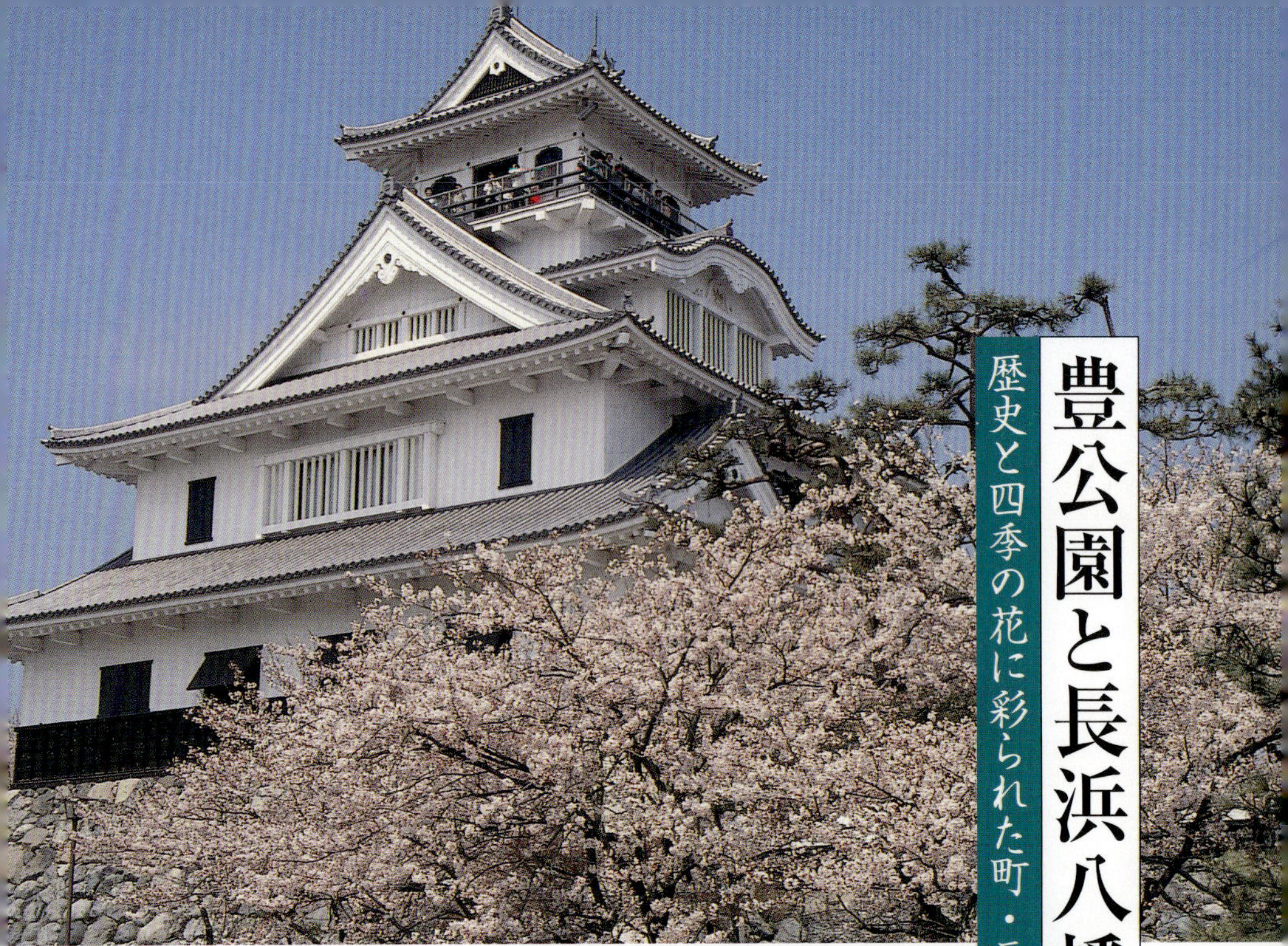

⬆豊公園のサクラ

⬇長浜盆梅展（慶雲館）

JR長浜駅西口❶で降りて琵琶湖の方へしばらく歩き、県道（さざなみ街道）を渡ると**豊公園**《ほうこうえん》❷がある。長浜城を築いた豊臣秀吉にちなんで名付けられた豊公園は、桜や梅など花の名所として名高く、「日本さくら名所100選」にも選ばれている。ちなみに県内で選ばれたのは豊公園

⬆長浜八幡宮のアジサイ

⬆舎那院のスイフヨウ

と海津《かいづ》大崎である。桜の見ごろは4月上旬～中旬で、休日ともなれば大勢の花見客で賑わう。豊公園の北端には長浜城があり、お城を背景にした満開の桜は絵になり、写真家のシャッターポイントになっている。長浜城は正式には長浜城歴史博物館といい、1983年（昭和58）に開館された。鉄砲展示に力を入れ、毎年秋に市内一帯で開催される長浜出世まつりの催しの一つとして、鎧《よろい》を身にまとった射手による鉄砲の試し撃ちが行われる。

豊公園の市民プール前から県道を渡り、歩いて数分のところに盆梅《ぼんばい》展で有名な**慶雲館**《けいうんかん》❸がある。盆梅は1951年（昭和26）に旧浅井《あざい》町の高山翁が梅の古木を長浜市に寄贈したことにはじまり、今日にいたっている。盆梅の中には樹齢400年を超すものもあり、歴史と風格を感じさせる。100鉢以上の盆梅が展示されるさまは壮観であり、期間中（1月10日～3月10日）は多くの観光客で賑わう。また、慶雲館には伊吹山《いぶきやま》を借景とした池泉回遊式の庭園があり、冬には雪吊りの松がみられ、2階からの眺めはとくに美しい。慶雲館の道をはさんで向かい側には長浜鉄道スクエア❹がある。

踏切を渡って左折し、JR長浜駅から駅前通りを歩く。長浜市役所❺横で右折してしばらくいくと、フヨウの花で有名な**舎**《しゃ》**那院**《ないん》❻に着く。山門から本堂にかけての参道の両側に、8月から9月にかけて桃色の大きな花をつける。この時期は花が少ないだけに見応えがある。

舎那院の隣には**長浜八幡宮**《はちまんぐう》❼がある。毎年4月13～16日に催される長浜曳山《ひきやま》まつりはこの神社のお祭りで、子ども歌舞伎が有名である。なお、大手門通りには曳山博物館があり、山車《だし》や祭りに関する資料などが展示されているので立ち寄るとよい。境内の西側一帯には約50種1万株のアジサイが植えられている。梅雨時の6月下旬～7月上旬が花の見ごろで、市民の憩いの場になっている。紫陽花《あじさい》園は1991年（平成3）に造園が始まった新しい名所であり、「紫陽花祭り」も開催されるようになった。境内には神木の「縁松」などマツもたくさんあって、大切に保護されている。

⬆大通寺の馬酔木展

長浜八幡宮前の道を西に進み、県道❽を渡ってさらに進むと「ながはま御坊表参道」に出合う。ここで右に折れて北へ向かって進むと、突き当たりに「長浜の御坊さん」として親しまれている**大通寺**《だいつうじ》❾がある。大通寺はもともと長浜城内にあった寄合道場を1606年（天正11）に移したのが始まりで、真宗大谷派本願寺別院として、湖北地区の信仰の中心であった。長浜で最も大きい仏閣で、境内は七千坪（約23000㎡）もあり、本堂・阿弥陀堂（重要文化財）や狩野《かのう》派の襖《ふすま》絵をはじめとして文化財が多く、伊吹山を借景とした枯山水

植物豆知識

早春の風物詩・盆梅展

滋賀県、とりわけ湖北地方はその風土がウメ（バラ科）の栽培に適しているからか盆梅展が盛んである。半世紀以上の歴史がある長浜盆梅展や浅井盆梅展（長浜市、旧浅井町）、鴨の里盆梅展・蘭展（米原市、旧山東町）の三大盆梅展をはじめ、醒井しだれ梅盆梅展（米原市）、伊吹盆梅展（米原市、旧伊吹町）信楽盆梅展（甲賀市信楽町）、坂本盆梅展（大津市旧竹林院）など各地で催されている。

浅井盆梅展（プラザふくらの森）

⬆総持寺のボタン

⬆神照寺のハギ

の含山《がんざん》軒蘭亭庭園も有名である。大通寺では毎年2月10日〜4月18日頃まで馬酔木《あせび》展が開催される。これは狩野三休筆の馬酔木の屏風《びょうぶ》画にちなんだ催しで、門前のながはま御坊表参道商店街振興組合などが観光振興や商店街の活性化を目的に1989年（平成元）に始めた。大通寺からJR長浜駅までは表参道や大手門通り、北国《ほっこく》街道の町並や黒壁スクエア⑩などの建物をながめながら散策が楽しめる。豊臣秀吉ゆかりの豊国《ほうこく》神社⑪もある。

また、長浜にはボタンの寺・総持《そうじ》寺やハギの寺・神照寺《じんしょうじ》もあるので、それぞれの花の季節に訪れてみるのもよいだろう。

（和田）

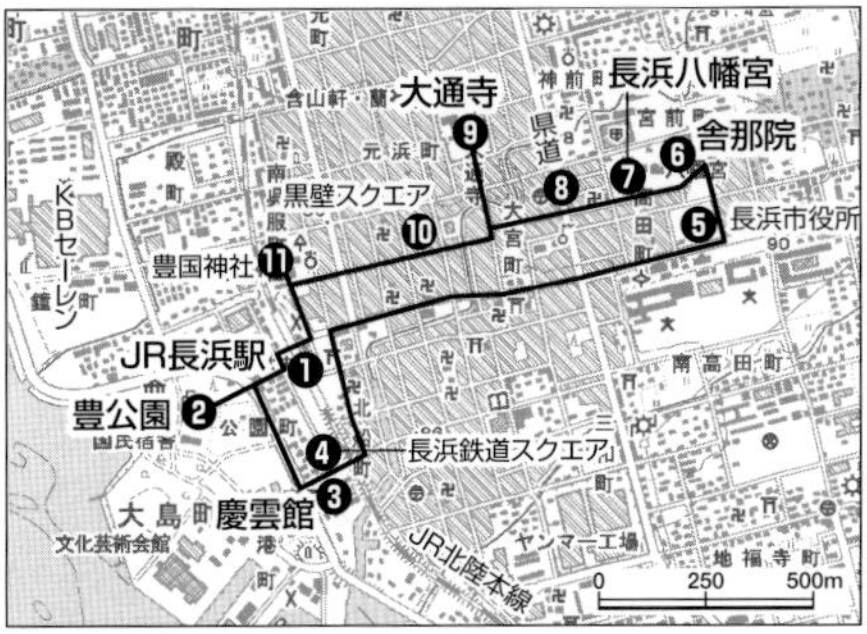

アクセス

行き帰りとも：JR北陸本線（琵琶湖線）長浜駅

問い合わせ

長浜市観光振興課	☎0749-65-6521
JR長浜駅観光案内所	☎0749-63-7055
豊公園	☎0749-62-0241
長浜城歴史博物館	☎0749-63-4611
慶雲館	☎0749-62-0740
長浜鉄道スクエア	☎0749-63-4091
舎那院	☎0749-62-3298
長浜八幡宮	☎0749-62-0481
大通寺茶所	☎0749-63-7799
曳山博物館	☎0749-65-3300

周辺観光ガイド

総持寺	☎0749-62-2543
神照寺	☎0749-62-1629

食事処・銘菓など

鳥新（鴨すき）	☎0749-62-0501
茂美志屋（のっぺいうどん）	☎0749-62-0232
茶しん（大判焼き「暫（しばらく）」）	☎0749-62-0414
丸喜屋（豊公もなか）	☎0749-62-1258
芋平（芋きんつば）	☎0749-65-5546

⬆渡岸寺の野神ケヤキ

高月観音の里と巨木

高月町の〝槻の木〟と名木めぐり

●高月町

約10km　約6時間

春秋冬

ＪＲ高月《たかつき》駅東口❶を出て駅前を右折し、南方向に約２００ｍ進むと最初の目的地、**高月観音堂（大円寺《だいえんじ》）**❷がある。本堂には木造十一面千手観音立像、本堂前に「おしどりスギ」と呼ばれる巨木が見られる（１本は台風で倒れ現在はない）。

次に、北方向に約４００ｍ行くと右手に「特別国宝観音（渡《どう》岸寺《がんじ》）」の標識❸がある。右折して進むと国宝の十一面観世音菩薩立像を安置する**渡岸寺観音堂（向源寺《こうげんじ》）**❹に着く。観音堂前には幹周３・２ｍの重量感ある「渡岸寺の野神ケヤキ」がある。東に１分も歩くと観音の里歴史民俗資料館❺がある。資料

⬆佐味神社の三本スギ

⬆八幡神社の野大神ケヤキ

⬆大円寺のおしどりスギ（現在は１本）

館には湖北地方に数多く点在する観音信仰の歴史、美術等の資料が展示されている。

　資料館の前をさらに東に進むと国道３６５号に突き当たる。左折し、４００ｍほど北上する。道路左側に県内有数の**柏原《かしはら》の八幡神社の野大神《のがみ》ケヤキ**❻がある。幹周８・４ｍ、樹高22ｍの均整のとれた樹形で県の自然記念物に指定されている。ここから国道３６５号を北に２００ｍほど歩くと左手に小さな森があり、その中に**佐味《さみ》神社の三本スギ**❼がある。

　国道から離れて、見通しのよい田園風景が広がる芳洲《ほうしゅう》国際通りを１kmほど北に進むと標識❽がある。案内に沿って雨森《あめのもり》集落内を歩く。小川をとり入れた景観が美しい集落である。中心部にある**天川命《あまかわのみこと》神社**❾には「宮さんの大イチョウ」とよばれる幹周６・３ｍ、樹高32ｍの県下有数のイチョウがあり、県の自然記念物に指定されている。さらに幹周５・３ｍ、樹高30ｍに達する「天川命神社のケヤキ」

⬇天川命神社のイチョウ

⬆唐川の野大神スギ

⬆西物部の野大神ケヤキ

⬆東物部のケヤキ

の巨木もある。神社の北に**東アジア交流ハウス雨森芳洲庵**⑩があり、「芳洲庵入口のケヤキ」が迎えてくれる。ここは江戸時代の儒学者・雨森芳洲の生誕地で、朝鮮との外交に活躍したことで知られる。芳洲庵の前を北に進み、突き当たりを左折して行くと井口《いのくち》集落の**日吉神社**⑪があり、風格のある「井口の日吉神社のケヤキ」を見ることができる。

　井口集落から次の「唐川《からかわ》の野大神スギ」まで約３㎞を歩く。ほぼ西の方向に国道３６５号、ＪＲ北陸本線、国道８号を横切り、北陸自動車道を越えて横山地区に入る。北陸自動車道を右側に見ながら北上すると唐川地区の入口に幹周８ｍの巨木が立っている。これが「野大神さん」と崇められている**唐川の野大神**

植物豆知識

高月とケヤキ（ニレ科）

ケヤキは古名が「槻《つき》」で巨木になる。古来、高月は「高槻」と称し、町名の語源となっていた。しかし、平安時代後期の歌人・大江《おおえの》国房《まさふさ》が月見の名所として和歌に詠んだことから「槻」を「月」に改めたといわれている。高月町では「月の名所10選」「槻の木10選」を選定している。今回訪ねた渡岸寺、柏原の八幡神社、天川命神社、芳洲庵、井口の日吉神社、西物部、東物部の７ヶ所のケヤキが10選に入っている。

野神さん

野神は稲作の守護神で農作物の神様と考え、多くの集落で毎年８月中頃「野神祭」が行われる。野神のよりどころは集落により異なり、樹木、塚あるいは石碑などが対象になる。今回訪ねた野神は渡岸寺の野神ケヤキ、柏原の野神ケヤキ、唐川の野大神スギ、西物部の野大神ケヤキの４ヶ所である。

⬆横山神社のシイ

⬆雨森集落の美観

スギ⑫である。ここから唐川集落の中を北西に約５００ｍ進むと湧出山《ゆるぎやま》の南麓に位置する唐喜《からき》山赤後寺《ざんしゃくごじ》⑬があり、観音堂には千手観音立像と菩薩立像が安置されている。

次に、北陸自動車道を左側に見ながら約１km南下すると左手に**横山神社**⑭がある。境内にスダジイとツブラジイの巨木がある。さらに約１・２km南下すると幹周６・１ｍの**西物部《ものべ》の野大神ケヤキ**⑮がある。ここから東方向に進むと、北陸自動車道の手前には**東物部のケヤキ**⑯が２本並んでいる。さらに北陸自動車道をぬけ国道８号まで出る。国道に沿って南に約１km歩くと左手に高月町役場⑰があり、ここを左折し、踏切を渡ると右側にJR高月駅が見える。（上田）

湖北

アクセス

行き、帰りとも：JR北陸本線高月駅

問い合わせ

高月町観光協会（高月町産業振興課内）　☎0749-85-6405
渡岸寺観音堂（向源寺）　☎0749-85-2632
観音の里歴史民俗資料館　☎0749-85-2273
東アジア交流ハウス雨森芳洲庵　☎0749-85-5095

周辺観光ガイド

北近江リゾート　☎0749-85-8888
温泉と食事が楽しめるレジャー施設。

食事処

北近江リゾートのほか、国道８号沿いに食堂がある。

鶏足寺（旧飯福寺）と木之本地蔵

紅葉に染まる「まほろばの里」と北国街道を歩く

●木之本町

約3km　約4時間

春夏秋

⬆與志漏神社

JR木《き》ノ本《もと》駅❶で下車し、湖国バス「金居原《かねいはら》」行に乗車する。「古橋《ふるはし》」バス停❷で下車して50mほど山側に進み、右折して細い道を５００ｍほど行くと**己高《ここう》閣《かく》、世代閣《よしろかく》、與志漏《よしろ》神社**❸に着く。己高閣には己高山《こだかみやま》山頂近くにあった「鶏足寺《けいそくじ》」の仏像や書物などが納められ、また世代閣には旧戸岩寺の本尊・薬師如来やお市の方が奉納したと伝わる屏風《びょうぶ》、当地の由緒ある仏像などが収納されている。年中無休で地元の方が交代で3人ずつ詰めておられ、説明や案内もしてくれる。神社にはスギ、イチョウ、ケヤキ、コウヨウザンなどの大木が林立し、昼なお薄暗い。神社の奥には己高庵《ここうあん》という宿泊・食事施設があり、薬湯風呂の日帰り入浴もできる。

坂道を下り、薬草畑の中の道を通り、舗装された遊歩道に出る。「鶏足寺７００ｍ」と記さ

⬆新緑の鶏足寺（旧飯福寺）参道

⬆参道の鮮やかな紅葉

⬆鶏足寺から石道寺に続く里山と茶畑

れた道標にしたがって田んぼの横の遊歩道を進むと東屋がある。さらに進み茶畑の横の道を行くと、今度は「歴史の小径《こみち》散策道、鶏足寺５４０ｍ」の標識がある。少し行くと右方向に湿地があり、木道が渡してあるので、ミソハギやカンガレイなどの植物が観察できる。遊歩道をさらに進むと右手に茶畑が広がる。「亀山の茶畑」と書かれた案内板には鶏足寺との関わりなどが記されている。

少し進むと「飯福寺《はんぷくじ》」の案内板があり、**鶏足寺（旧飯福寺）❹**に着く。ちなみに飯福寺は昭和初期までは己高山・鶏足寺の里坊であったが、鶏足寺の衰退に伴い現在はここを鶏足寺（旧飯福寺）と呼んでいる。鶏足寺は湖北随一の紅葉の名所である。参道の両側にはカエデが立ち並び、晩秋には空一面が錦繍《きんしゅう》におおわれる。時期をずらし、梅雨明けの頃には地面はしっとり濡れ、静まり返った深い緑のトンネルを歩くのも風情がある。なだらかな上りの坂道が続くが、最後に石段を上りきった所に改修された小さな堂宇がある。

⬆石道寺本堂と紅葉

⬆木之本地蔵

石道寺《しゃくどうじ》に向かう標識のある所まで下り、遊歩道を進む。道の右側には桜が植えられている。桜の花とカエデの芽吹きが競演する春もまた趣きがあるだろう。100mほど行くと舗装の遊歩道はなくなり、尾根道（山道）と合流する。石段を下ると左方に**石道寺**❺がある。本尊は有名な木造十一面観音立像（平安後期、重要文化財）である。お寺には地元の人が交代で2人ずつ詰めて参拝者に案内をしてくれる。

帰りはもと来た道を引き返すか、石道の集落から瀬谷川にかかる橋をわたり、高時小学校❻をめざして歩き、県道に出たら右に折れ、しばらく歩くと「古橋」バス停があるので、ここから木ノ本駅行きのバスに乗る。

駅前から木之本地蔵まで散策してみよう。参道（地蔵坂）を

植物豆知識

轡の森とイヌザクラ（バラ科）

木之本地蔵院の法要の際に、伊香具神社の神主が乗った神馬の轡（馬の口にはめる金具）と足を洗い、休憩した場所なので「轡の森」と呼んだ。また、イヌザクラについては、豊臣秀吉が関ヶ原から賤ヶ岳に早馬で駆けてきたが、この地で馬が死んでしまったので、鞭として使われていたイヌザクラの枝を塚に挿したところ、大木に成長したという伝説がある。イヌザクラはウワミズザクラに似て1本の長い花柄に20個以上の白い花をつけてブラシ状の花序をつくる。ウワミズザクラの花序枝には葉がつくが、イヌザクラでは葉がつかない。

イヌザクラの花

50mほど行くと、右手に「町指定イヌザクラ」と書かれた石柱が立っている。狭い路地道に入ると小さな公園**轡《くつわ》の森**❼の中に推定樹齢400年のイヌザクラがあり、5月上旬に白い花をブラシ状に多数付ける。

地蔵坂に戻りしばらく進むと、正面に日本三大地蔵尊の一つ**木之本地蔵浄信寺《じょうしんじ》**❽がある。675年（天武4）、祚蓮《さくれん》上人の開基と伝えられ、寺辺に柳の大樹があったことから柳本山と号する。木造地蔵菩薩立像など重要文化財が多く、庭園は国の名勝である。目の病気や長寿にご利益があるとされ、毎年8月22日から4日間続く地蔵大縁日には多くの露店が並び、遠近より参拝客で賑わう。

帰りは宿場風情を残した北国街道を北に進み、桑酒《くわざけ》で有名な山路《やまじ》酒造を過ぎたところで左折してまっすぐ進めばJR木ノ本駅に出る。福田屋前のシダレヤナギが昔日の面影を今日に伝えている。

（中村）

⬆北国街道の情緒ある町並

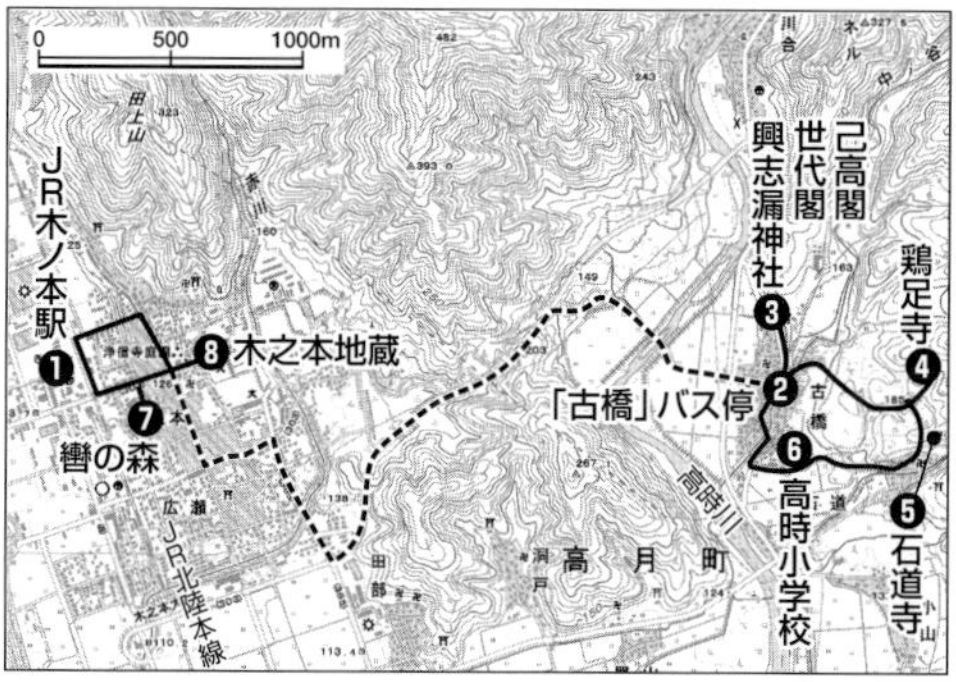

アクセス

行き帰りとも：JR北陸線木ノ本駅から湖国バス「金居原」行「古橋」バス停

問い合わせ

きのもとまちあんない（木之本観光案内所）	☎0749-82-5135
湖国バス長浜営業所	☎0749-64-1224
己高閣・世代閣いこいの家	☎0749-82-2784
石道寺（月曜休）	☎0749-82-3730

食事処

己高庵　☎0749-82-6020

JR木ノ本駅周辺には「福田屋」、「いこい」などの食堂がある。
北国街道には「すし慶」（鯖寿司、きじ鍋料理など）がある。

⬆賤ヶ岳山頂からみた余呉湖

余呉湖と賤ヶ岳古戦場

湖岸に咲き誇るサワオグルマの大群落と羽衣掛の柳をたずねて

余呉町

約7km　約4時間

春　夏

⬆天女の衣掛柳

余呉湖《よごこ》は周囲約6・4kmの小さな湖で「鏡《かがみ》湖」とも呼ばれ、四季を通じて風光明媚なところである。また、戦国時代の「賤《しず》ヶ岳《がたけ》の合戦」の地としても有名であり、近辺には合戦由来の史跡が数多く残る。余呉湖周辺にはいくつかのハイキングコースがあるが、今回は中部北陸自然

⬆湖岸に広がるサワオグルマ群落

⬆ユキグニミツバツツジ

歩道の一部にもなっている余呉湖一周のコースを紹介する。

　JR余呉駅❶で下車して駅前を進み、右に曲がるとまもなく羽衣伝説の**「天女の衣掛柳」の大木**❷に出合う。樹高約12mのアカメヤナギの大木である。すぐ先にはビジターセンター❸があり、ワカサギ釣りで有名な釣り桟橋が見える。

　センター右横の大橋桜坡子《おうはし》・大橋敦子親子の句碑とレストラン余呉湖❹の間を通ると湖岸沿いに進むことができる。ここでは琵琶湖岸にも生育しているマコモが見られる。しばらく歩くと舗装道路に出る。そこには「魚魂浄地」の石碑が建てられている。そのすぐ先には、干ばつで苦しむ村人のために湖に身を投げた「菊石姫と蛇の目玉石」の石碑❺がある。このあたりでは、春に中部地方や近畿地方の日本海側に多いユキグニミツバツツジの赤紫色の花が見られる。

　細い舗装道路を進むと**アジサイ園**❻に出る。アジサイ園の南端には、松尾芭蕉の門下・斎部《いんべ》路通《ろつう》が詠んだ「鳥共も寝入りているか余呉の海」と刻まれた句碑❼がある。ここは「賤ヶ岳の七《しち》本槍《ほんやり》」と呼ばれた武将が戦いの後、槍を洗った「槍洗いの池」と推定される場所である。園内にはヤナギ類やハンノキなどの自生種のほか、コブシ、ソメイヨシノ、ナツツバキ、サワグルミなどさまざまな木が植えられている。

　しばらく行くと**余呉湖キャンプセンター**❽があり、5月の初旬にはサワオグルマの大群落に出合える。キャンプ場内の右側の緩やかな斜面は黄色い花一面

⬆コアジサイ

⬆コバノガマズミ

におおわれる。キャンプ場を過ぎると**国民宿舎余呉湖荘**⑨がある。この周りにも他の湖岸と同じように、ヤナギ類、ハンノキ、オニグルミなどが見られる。余呉湖荘のすぐ横に賤ヶ岳山頂へのハイキングコースの入口があり、山頂まで約1・5kmの距離で気軽に登れる。

湖岸を進むと**休耕田**⑩や湖岸側に、5月にはサワオグルマの群落、夏にはヨシの群落とキクイモの黄色い花が見られる。さらに進むと**尾の呂が浜**⑪に出る。ここにもサワオグルマの群落が見られる。湖岸を背に山口誓子の「秋晴に湖の自噴を想ひみる」の句碑がたてられている。このあたりから北に、湖岸に沿ってソメイヨシノなどの桜が多く植えられており、春には見事な花を咲かせる。また道路の山

植物豆知識

サワオグルマ（キク科）

本州から九州に分布し、山地や低地の湿地に生育する。4〜6月に黄色いキクと同じ、頭状花をつける。生育地と花の形状から「沢小車」の名がある。これとよく似て乾いた所に生え、全体に小さく毛の多いものをオカオグルマという。

サワオグルマ群落（余呉湖キャンプセンター）

⬆余呉川畔の桜とアブラナ

⬆ツクバネウツギ

側には、春にはコバノガマズミ、ツクバネウツギ、北方系のマルバマンサク、オオバクロモジ、初夏にはコアジサイ、ヤマアジサイ、ツルアジサイなども花を咲かせる。湖岸の桜並木に沿って北へ行くと岩崎山・大岩山遊歩道⑫の入口がある。

　さらに進むと**余呉湖観光館**⑬に着く。このあたりは春には桜とアブラナなどの花が一面に咲き、多くの観光客が訪れる。ここから余呉川に沿って北側に歩き、橋を右側に曲がって進むとＪＲ余呉駅に着く。

　なお、ＪＲ木ノ本駅から木之本町大音《おおと》⑭までバスで行き、ここからリフトで賤ヶ岳山頂に登り、**国民宿舎余呉湖荘**⑨へ下りて余呉湖を半周してＪＲ余呉駅①に行くコースも可能である。

（西久保）

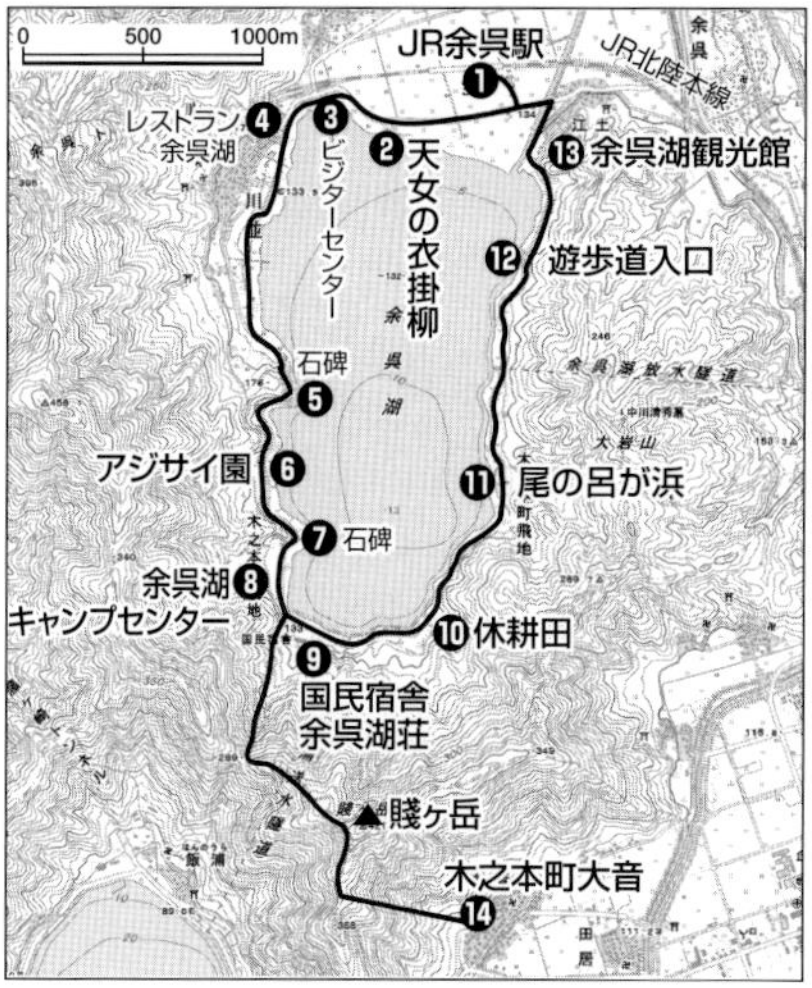

アクセス

行き帰りとも：JR北陸本線余呉駅（行きまたは帰りで賤ヶ岳リフトを利用する場合はJR北陸本線木ノ本駅）

問い合わせ

余呉町観光協会	☎0749-86-3085
賤ヶ岳リフト事務所	☎0749-82-3009

食事処

レストラン余呉湖	☎0749-86-2425
国民宿舎余呉湖荘	☎0749-86-2480

花の名所（花の自生地、植物園、自然観察施設など）

湖西

赤坂山自然遊歩道［オオバキスミレなど高山性植物］
高島市マキノ町　☎0740-28-1188

近江かたくりの里［カタクリ］
高島市マキノ町　☎0740-28-1188

願慶寺［ウメ］
高島市マキノ町　☎TEL.0740-28-0586　➡P.5

弘川のザゼンソウ群生地［ザゼンソウ］
高島市今津町　☎0740-22-2108

平池のカキツバタ群生地［カキツバタ］
高島市今津町　☎0740-22-2108

道の駅しんあさひ風車村・花菖蒲園［ハナショウブ］
高島市新旭町　☎0740-25-5668　➡P.13

新旭浜園地のノウルシ群生地［ノウルシ］
高島市新旭町　☎0740-25-6464

徳乗寺［ウメ］
高島市新旭町　☎0740-25-2546

朽木いきものふれあいの里［自然観察施設］
高島市朽木柏　☎0740-38-3110

興聖寺・旧秀隣寺庭園［ツバキ］
高島市朽木岩瀬　☎0740-38-2103

森林公園・くつきの森［自然観察施設］
高島市朽木麻生　☎0740-38-8099

大津

びわ湖バレイ［スイセン、ミズバショウ］
蓬莱山頂周辺（大津市）　☎077-592-1155

ガーデンミュージアム比叡［園芸植物］
比叡山頂（京都市左京区）　☎075-707-7733

石山寺［ウメ、サクラ、ツツジ、ボタン、カキツバタ］
大津市石山寺　☎077-537-0013　➡P.28

寿長生の郷［ツバキ、ウメ、山野草］
大津市大石龍門町　☎077-546-3131

湖南

水生植物公園みずの森
［ハス、スイレン、水生植物］
草津市下物町　☎077-568-2332　➡P.35、36

烏丸半島のハス群生地［ハス］
草津市下物町　☎077-568-2332　➡P.37

三大神社［フジ］
草津市志那町　☎077-566-3219　➡P.34

最勝寺［ツバキ］
草津市川原町　☎077-563-3853

栗東自然観察の森［自然観察施設］
栗東市安養寺　☎077-554-1313

もりやま芦刈園［アジサイ］
守山市杉江町　☎077-582-1131　➡P.38

もりやまバラ・ハーブ園
［バラ、ハーブ、観葉植物］
守山市幸津川町　☎077-585-1975　➡P.42

近江妙蓮公園［ハス（近江妙蓮）］
守山市中町　☎077-582-1340　➡P.43

なぎさ公園
［ハマヒルガオ、ナノハナ、ヒマワリ］
守山市今浜町　☎077-582-1131　➡P.40

アイリスパーク野鳥公園［ハナショウブ］
野洲市吉川　☎077-589-4254

近江富士花緑公園
［サクラ、シャクナゲ、園芸植物］
野洲市三上　☎077-586-1930

甲賀

正福寺［サツキ］
湖南市正福寺　☎0748-72-0126　➡P.51

大池寺
［サツキ、ツバキ、スイレン］
甲賀市水口町　☎0748-62-0396　➡P.53

みなくち子どもの森［自然観察施設］
甲賀市水口町　☎0748-63-6712　➡P.55

古城山県民花の森
［サクラ、コブシ、ツツジ、アジサイ］
甲賀市水口町　☎0748-63-4068　➡P.55

東近江

鎌掛谷のホンシャクナゲ群生地
［ホンシャクナゲ］
日野町鎌掛　☎0748-52-1211　➡P.62

日野ダリア園［ダリア］
日野町鎌掛　☎0748-52-5651　➡P.60

正法寺（藤の寺）［フジ］
日野町鎌掛　☎0748-52-1211　➡P.61

雲迎寺（さつき寺）［サツキ］
日野町音羽　☎0748-52-3914　➡P.63

滋賀農業公園ブルーメの丘
［ナノハナ、バラ、ヒマワリ、コスモス］
日野町西大路　☎0748-52-2611　➡P.63

沙沙貴神社（近江百華苑）
［ウラシマソウ、ヒトツバタゴ］
安土町常楽寺　☎0748-46-3564　➡P.64

西の湖のヨシ群生地・ヨシ博物館
［ヨシ、マコモ、水草］
近江八幡市円山町　☎0748-32-2177　➡P.58

東近江

長命寺［アジサイ］
近江八幡市長命寺町　☎0748-32-3669　➡P.57

長光寺［ハナノキ］
近江八幡市長光寺町　☎0748-37-7743

万葉の森船岡山［ハギなど万葉植物］
東近江市野口町、糠塚町ほか　☎0748-24-5662

河辺いきものの森［自然観察施設］
東近江市建部北町　☎0748-20-5211　➡P.75

道の駅あいとうマーガレットステーション［ナノハナ、ポピー、ラベンダー、コスモス］
東近江市妹町　☎0749-46-1110　➡P.79

百済寺［サツキ、ボダイジュ、紅葉］
東近江市百済寺町　☎0749-46-1036　➡P.81

北花沢・南花沢のハナノキ［ハナノキ］
東近江市北花沢町、南花沢町　☎0749-45-3706

湖東

金剛輪寺［シャクナゲ、スイレン、アジサイ、紅葉］
愛荘町松尾寺　☎0749-37-3211　➡P.82

宝満寺［ウメ、ハナノキ］
愛荘町愛知川　☎0749-42-3906

八幡神社［フジ］
甲良町在士　☎0749-38-5069　➡P.85

西明寺［ウメ、フダンザクラ、シャクナゲ、紅葉］
甲良町池寺　☎0749-38-4008　➡P.86

彦根城［サクラ、オオトックリイチゴ、オニバス］
彦根市金亀町　☎0749-22-2742　➡P.92

龍潭寺［サクラ、ムクゲ、ナツツバキ］
彦根市古沢町　☎0749-22-2777　➡P.95

庄堺公園［バラ、ハナショウブ］
彦根市西今町　☎0749-23-0111

湖北

地蔵川のバイカモ自生地［バイカモ］
米原市醒井　☎0749-52-1551　➡P.97

蓮華寺［コバノミツバツツジ］
米原市番場　☎0749-54-0980

観音寺［サルスベリ］
米原市朝日　☎0749-55-1340

鴨の里盆梅展・蘭展（グリーンパーク山東）［ウメ、ラン］
米原市池下　☎0749-55-3751　➡P.102

山室湿原［湿原植物］
米原市山室　☎0749-55-2040

伊吹山（三合目〜山頂）［高山性植物］
米原市上野（登山口）　☎0749-58-1121

伊吹薬草の里文化センター（ジョイいぶき）［伊吹山の薬草］
米原市春照　☎0749-58-1121

伊吹ゆり園［ユリ］
米原市曲谷　☎0749-58-1121

豊公園［ウメ、サクラ、フジ］
長浜市公園町　☎0749-62-4111　➡P.100

長浜盆梅展（慶雲館）［ウメ］
長浜市港町　☎0749-62-4111　➡P.101、102

大通寺あせび展［アセビ］
長浜市元浜町　☎0749-62-0054　➡P.103

長浜八幡宮［アジサイ、マツ］
長浜市宮前町　☎0749-62-0481　➡P.101

舎那院（芙蓉の寺）［フヨウ、スイフヨウ、ハナノキ］
長浜市宮前町　☎0749-62-3298　➡P.101

総持寺（牡丹の寺）［ボタン、シャクヤク］
長浜市宮司町　☎0749-62-2543　➡P.103

神照寺（萩の寺）［ハギ］
長浜市新庄寺町　☎0749-62-1629　➡P.103

浅井盆梅展（プラザふくらの森）［ウメ］
長浜市内保町　☎0749-74-3020　➡P.102

余呉湖畔［サワオグルマ、アジサイ］
余呉町川並ほか　☎0749-86-3085　➡P.113

全長寺［アジサイ］
余呉町池原　☎0749-86-3085

中河内ザゼンソウ群生地［ザゼンソウ］
余呉町中河内　☎0749-86-3085

山門水源の森（山門湿原）［湿原植物、ユキグニミツバツツジ］
西浅井町山門　☎0749-89-1121

お花見の名所

名　称	所　在　地	形態	主な樹種	紹介ページ
海津大崎	高島市マキノ町	並木	ソメイヨシノ	P.5
海津墓地（清水の桜）	高島市マキノ町	単木	エドヒガン	P.5
酒波寺（行基桜）	高島市今津町	単木	エドヒガン	P.8
深清水周辺（夫婦桜ほか）	高島市今津町	単木群生	エドヒガン	P.9
行過天満宮	高島市今津町	単木	ヤマザクラ	
風車街道	高島市新旭町	並木	ソメイヨシノ	
徳勝寺	大津市北小松町	単木	シダレザクラ	
びわ湖バレイ	大津市木戸町	並木	ソメイヨシノ	
樹下神社	大津市木戸町	単木	ヤマザクラ	
比叡山西塔ほか	大津市坂本本町	並木	サトザクラ	
坂本・日吉の馬場	大津市坂本	並木	ベニシダレ	P.19
薬樹院（太閤桜）	大津市坂本	単木	シダレザクラ	P.19
皇子が丘公園	大津市皇子が丘	群生	ハツミヨザクラ	P.23
三井寺（園城寺）	大津市園城寺町	群生	ソメイヨシノ	P.22
琵琶湖疏水	大津市観音寺	並木	ソメイヨシノ	P.22
長等山（長等公園）	大津市小関町ほか	群生	ヤマザクラ	P.21
膳所城跡公園	大津市本丸町	群生	ソメイヨシノ	P.25
石山寺	大津市石山寺	群生	ソメイヨシノ	P.28
南郷公園	大津市南郷	群生	ソメイヨシノ	P.29
旧草津川堤防	草津市	並木	ソメイヨシノ	
笠原桜公園（野洲川堤防）	守山市笠原町	並木	ソメイヨシノ	P.43
雨山文化運動公園	湖南市石部	群生	ソメイヨシノ	
にごり池公園	湖南市大池	群生	ソメイヨシノ	
古城山	甲賀市水口町	群生	ソメイヨシノ	P.55
岩尾山・岩尾池	甲賀市甲南町	群生	ソメイヨシノ	
畑・深堂の郷（都しだれ）	甲賀市信楽町	単木	シダレザクラ	
岩室・大福寺（徳本桜）	甲賀市甲賀町	単木	シダレザクラ	
鰔川堤防	甲賀市土山町	並木	ソメイヨシノ	
妹背の里	竜王町川守	群生	ソメイヨシノ	
安土城址	安土町下豊浦	群生	ソメイヨシノ	P.67
八幡公園	近江八幡市宮内町	群生	ソメイヨシノ	
延命公園	東近江市八日市松尾町	群生	ソメイヨシノ	P.75
太郎坊宮参道	東近江市小脇町	並木	ソメイヨシノ	P.72
猪子山公園	東近江市猪子町	群生	ソメイヨシノ	
高源寺	多賀町楢崎	単木	シダレザクラ	P.89
彦根城	彦根市金亀町	群生	ソメイヨシノ	P.92
井伊神社	彦根市古沢町	単木	シダレザクラ	P.95
醒井養鱒場	米原市上丹生	群生	ソメイヨシノ	P.99
三島池	米原市池下	群生	ソメイヨシノ	
清滝寺徳源院（道誉桜）	米原市清滝	単木	シダレザクラ	P.98
豊公園	長浜市公園町	群生	ソメイヨシノ	P.100
虎御前山	虎姫町中野	群生	ソメイヨシノ	
高時川堤防	湖北町～高月町	並木	ソメイヨシノ	
奥琵琶湖パークウェイ	西浅井町菅浦ほか	並木	ソメイヨシノ	

紅葉狩りの名所

名　称	所在地	紹介ページ
家族旅行村ビラデスト今津	高島市今津町	P.11
生杉ブナ原生林	高島市朽木生杉	
朽木渓谷	高島市朽木一帯	
比叡山	大津市坂本本町	
日吉大社	大津市坂本	P.17
西教寺	大津市坂本	P.18
三井寺（園城寺）	大津市園城寺町	P.22
石山寺	大津市石山寺	P.28
兵主大社庭園	野洲市五条	P.47
常楽寺（西寺）	湖南市西寺	P.48
長寿寺（東寺）	湖南市東寺	P.49
庚申山広徳寺	甲賀市水口町	
鈴鹿スカイライン	甲賀市土山町	
八幡山	近江八幡市宮内町	
瓦屋寺	東近江市建部瓦屋寺町	
石馬寺	東近江市五個荘石馬寺町	
紅葉公園	東近江市五個荘川並町	
永源寺	東近江市永源寺高野町	P.76
東光寺	東近江市平尾町	P.79
百済寺（湖東三山）	東近江市百済寺町	P.81
金剛輪寺（湖東三山）	愛荘町松尾寺	P.82
西明寺（湖東三山）	甲良町池寺	P.86
大瀧神社	多賀町富之尾	P.90
醒井養鱒場	米原市上丹生	P.99
清滝寺徳源院	米原市清滝	P.98
悉地院	米原市弥高	
近江孤蓬庵	長浜市上野町	
鶏足寺（旧飯福寺）	木之本町古橋	P.109
深坂地蔵	西浅井町沓掛	
奥琵琶湖パークウェイ	西浅井町菅浦ほか	
菅山寺	余呉町坂口	

■参考文献

大津市教育委員会博物館建設室『ふるさと大津歴史文庫6　大津の名勝』（大津市　1989）
「角川日本地名大辞典」編纂委員会『角川日本地名大辞典25　滋賀県』（角川書店　1979）
滋賀県百科事典刊行会『滋賀県百科事典』（大和書房・京都新聞滋賀本社　1984）
滋賀植物同好会『びわ湖フラワーハイク《滋賀の花木をたずねて》』（京都新聞社　1996）
滋賀植物同好会『びわ湖フラワーハイク《滋賀の草花をたずねて》』（京都新聞社　1997）
滋賀植物同好会『近江植物歳時記』（京都新聞社　1998）
滋賀植物同好会『淡海文庫17　近江の鎮守の森―歴史と自然―』（サンライズ出版　2000）
滋賀植物同好会『別冊淡海文庫12　近江の名木・並木道』（サンライズ出版　2003）
「多賀信仰」編集委員会『多賀信仰』（多賀大社社務所　1986）

あとがき

「花の名所」の一覧からもわかるように、滋賀県にはお花見や紅葉狩りの名所はいうまでもなく、四季折々、草花や花木などの名所がじつに多いことに気づきます。伊吹山《いぶきやま》や琵琶湖岸など野生植物の自生地もあれば、石山寺《いしやまでら》や沙沙貴《ささき》神社など「花の寺」「花の杜《もり》」も各所でみられます。

そうした花の名所をドライブで訪ねてみるのもいいですが、路傍にひっそりと咲く野の花や野鳥のさえずり、虫の音などにハッとし、新鮮な出会いをすることが多いのは、風景をゆっくりと眺めながら散策するときではないでしょうか。

近年、日頃の運動不足を解消するために、健康ウォーキングを志向する人が増えていますが、本書は花を楽しみながら、概ね10㎞以内の日帰りハイクを楽しみたい人のために、県内で28コースを厳選して紹介したものです。長く歩くのが苦手な人は、このコースに沿ってドライブしながら花巡りするのもいいでしょう。

おわりにあたり、現地調査や情報提供などでお世話になった神社仏閣などの関係者の皆さん、さらに本書出版の機会を与えていただき、終始ご援助をたまわったサンライズ出版㈱の岩根順子社長、編集担当の矢島潤さん、岸田詳子さんをはじめ、お世話になった多くの方々に心より感謝いたします。

２００８年2月立春

近江路花歩きの会

近江へ行く

※掲載データは2008年2月現在。事前に必ずお確かめください。

車で

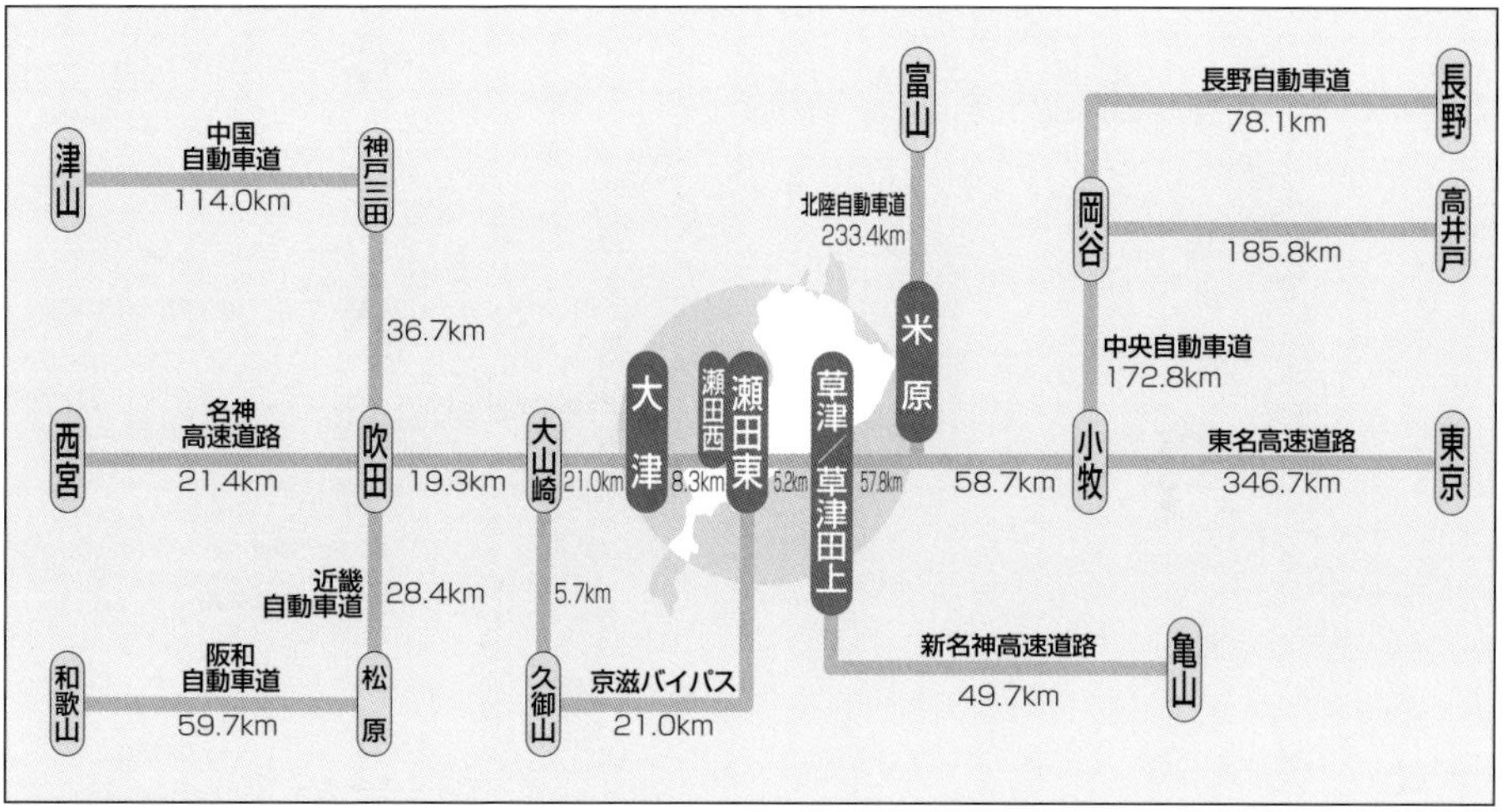

津山
中国自動車道
114.0km
神戸三田
36.7km
西宮
名神高速道路
21.4km
吹田
19.3km
大山崎
21.0km
大津
8.3km
瀬田西
瀬田東
5.2km
草津／草津田上
57.8km
米原
58.7km
小牧
東名高速道路
346.7km
東京
近畿自動車道
28.4km
5.7km
和歌山
阪和自動車道
59.7km
松原
久御山
京滋バイパス
21.0km
新名神高速道路
49.7km
亀山
富山
北陸自動車道
233.4km
岡谷
長野自動車道
78.1km
長野
高井戸
185.8km
中央自動車道
172.8km

電車で

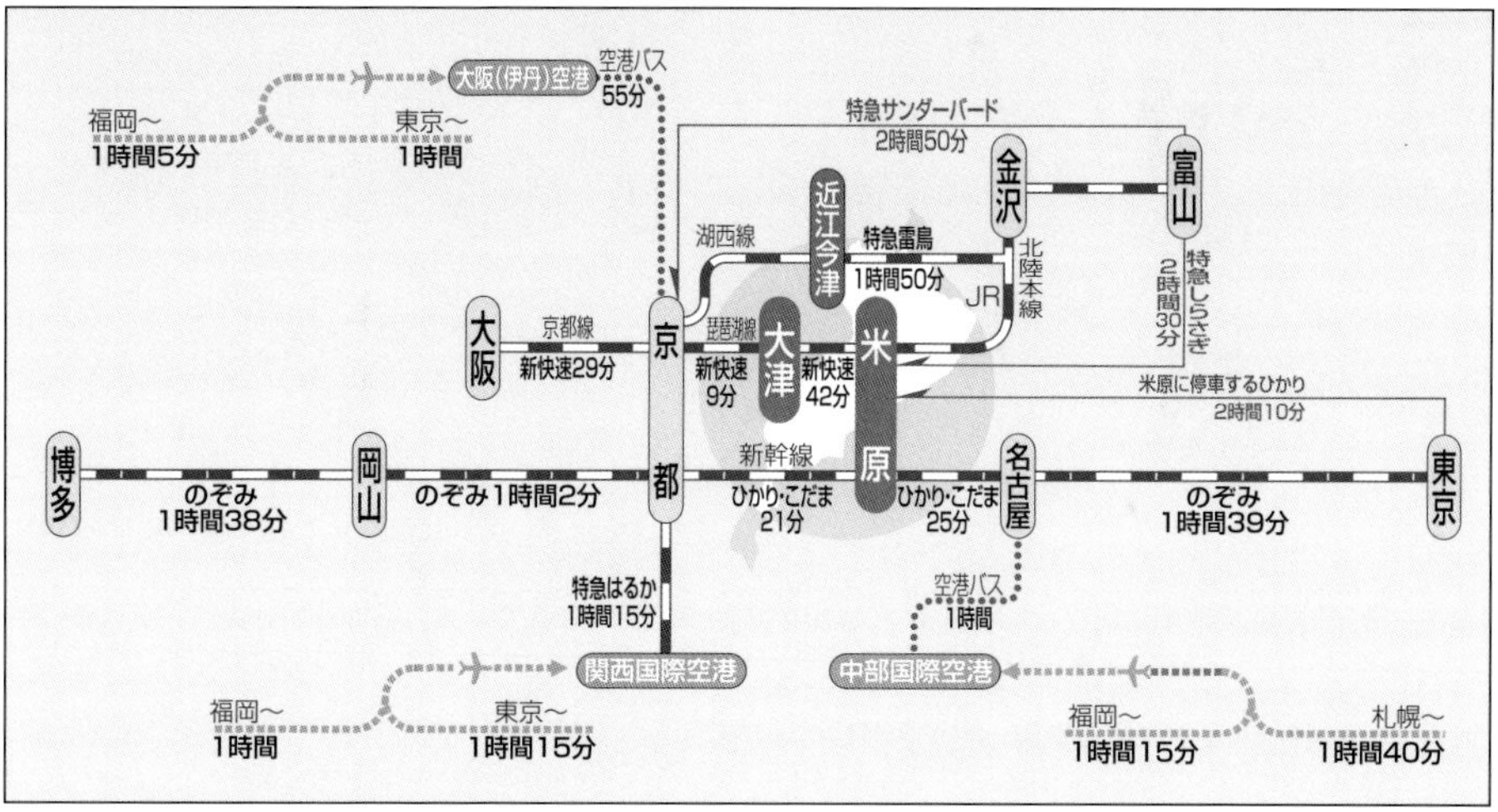

福岡～
1時間5分
東京～
1時間
大阪(伊丹)空港
空港バス
55分
特急サンダーバード
2時間50分
金沢
富山
湖西線
近江今津
特急雷鳥
1時間50分
北陸本線
JR
特急しらさぎ
2時間30分
大阪
京都線
新快速29分
京都
琵琶湖線
新快速
9分
大津
新快速
42分
米原
米原に停車するひかり
2時間10分
博多
のぞみ
1時間38分
岡山
のぞみ 1時間2分
新幹線
ひかり・こだま
21分
ひかり・こだま
25分
名古屋
のぞみ
1時間39分
東京
特急はるか
1時間15分
関西国際空港
空港バス
1時間
中部国際空港
福岡～
1時間
東京～
1時間15分
福岡～
1時間15分
札幌～
1時間40分

移動する

電車で

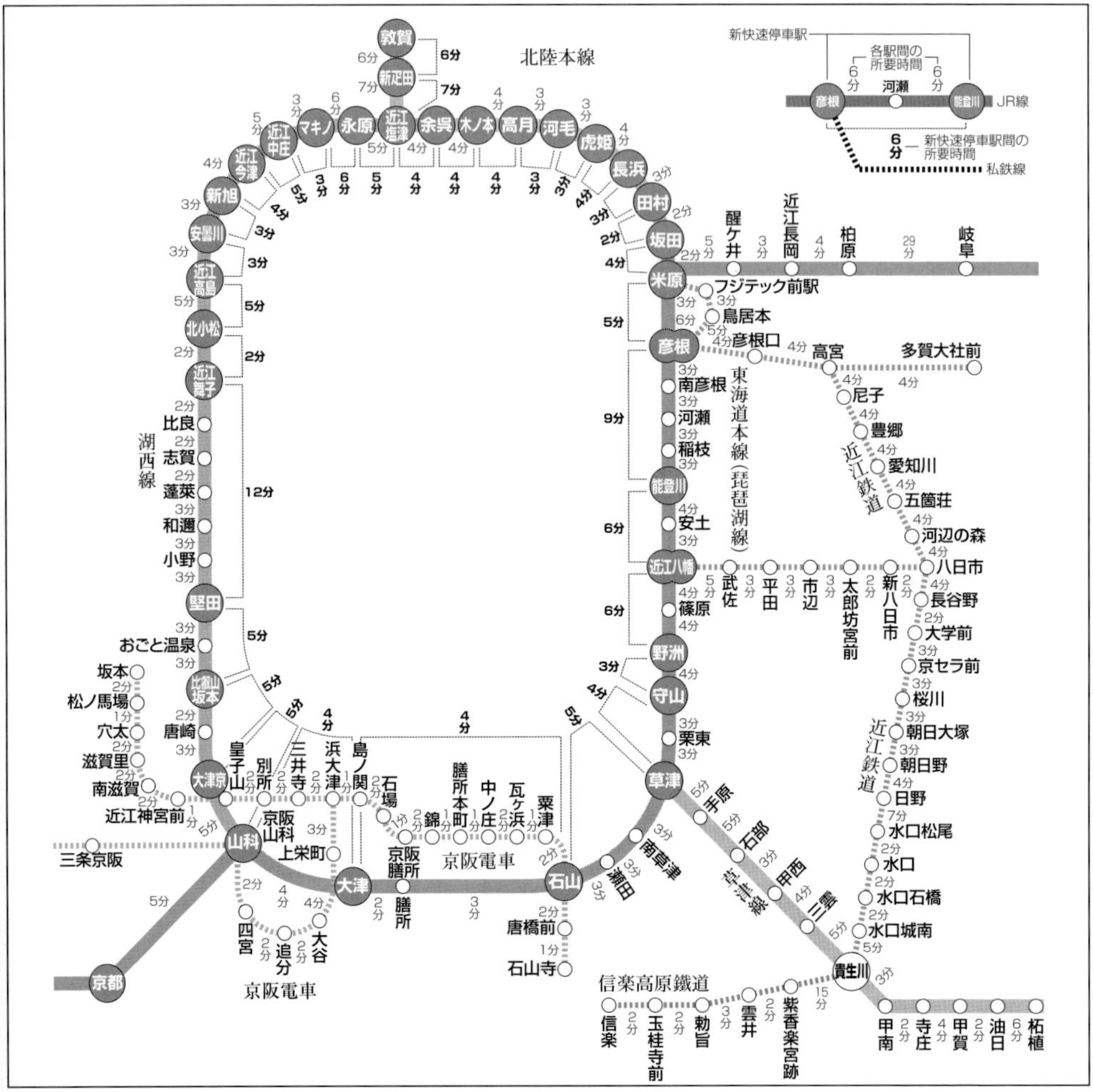

■ＪＲ西日本／問 JR西日本お客様センター　☎0570-00-2486(6:00～23:00)

起点・終点は、JR京都駅・米原駅が便利。京都ー敦賀間は新快速が運行している。京都から東回りの琵琶湖線で米原を経由して北陸本線を、また西回りの湖西線を経由して北陸本線を利用することができる。

■ 京 阪 電 車／問 京阪電気鉄道 大津鉄道事業部　☎077-522-4521

三条京阪ー浜大津を結ぶ京津線と、石山寺ー坂本を結ぶ石山坂本線がある。沿線観光地への移動に使用。

■ 近 江 鉄 道／問 近江鉄道　☎0749-22-3303

米原ー八日市ー貴生川を結ぶ本線と、高宮ー多賀大社前を結ぶ多賀線、近江八幡ー八日市を結ぶ八日市線がある。沿線観光地への移動に使用。

■信楽高原鐵道／問 信楽高原鐵道　☎0748-82-3391

貴生川ー信楽間を運行。JR・近江鉄道貴生川駅から信楽方面への移動に使用。

移動する

車で［高速道路など］

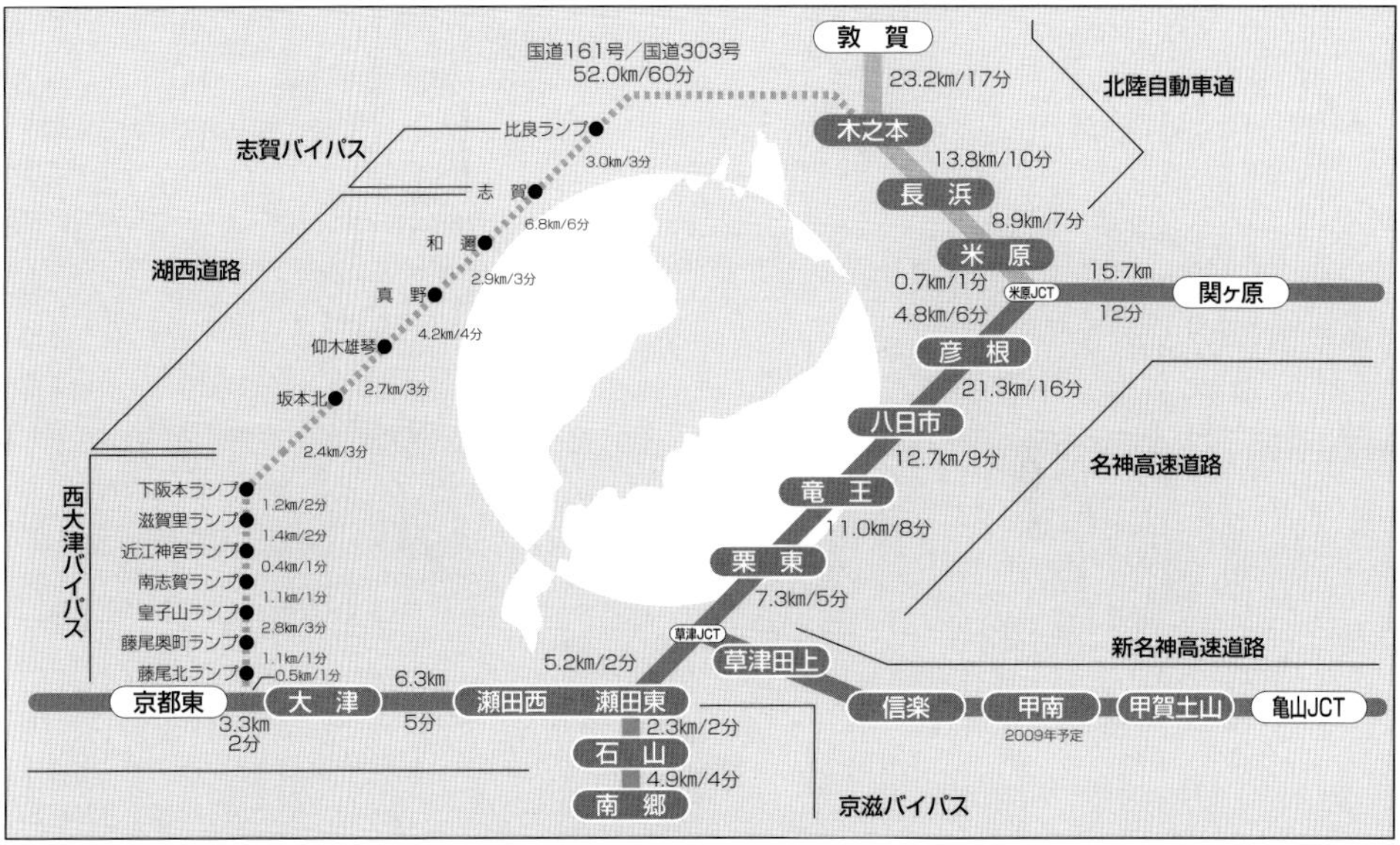
国道161号／国道303号
52.0km/60分
敦賀
23.2km/17分
北陸自動車道
木之本
13.8km/10分
長浜
8.9km/7分
米原
0.7km/1分
米原JCT
15.7km
12分
関ケ原
4.8km/6分
彦根
21.3km/16分
八日市
12.7km/9分
名神高速道路
竜王
11.0km/8分
栗東
7.3km/5分
草津JCT
新名神高速道路
草津田上
信楽
甲南
2009年予定
甲賀土山
亀山JCT
志賀バイパス
比良ランプ
3.0km/3分
志賀
6.8km/6分
和邇
2.9km/3分
真野
4.2km/4分
仰木雄琴
2.7km/3分
坂本北
2.4km/3分
湖西道路
西大津バイパス
下阪本ランプ
1.2km/2分
滋賀里ランプ
1.4km/2分
近江神宮ランプ
0.4km/1分
南志賀ランプ
1.1km/1分
皇子山ランプ
2.8km/3分
藤尾奥町ランプ
1.1km/1分
藤尾北ランプ
0.5km/1分
京都東
3.3km
2分
大津
6.3km
5分
瀬田西
5.2km/2分
瀬田東
2.3km/2分
石山
4.9km/4分
南郷
京滋バイパス

車で［一般道路］

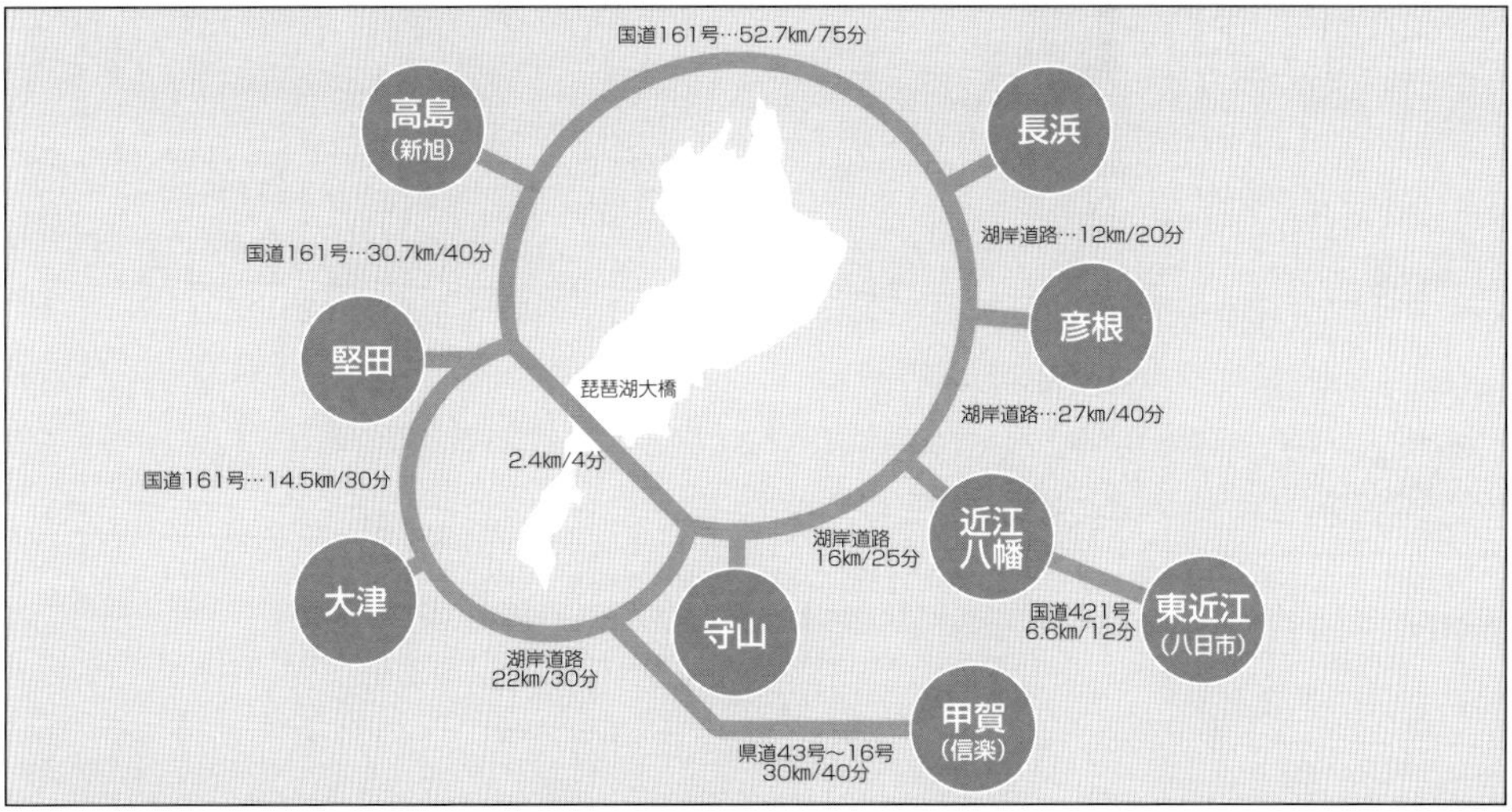
国道161号…52.7km/75分
高島
(新旭)
長浜
国道161号…30.7km/40分
湖岸道路…12km/20分
彦根
堅田
琵琶湖大橋
湖岸道路…27km/40分
2.4km/4分
国道161号…14.5km/30分
湖岸道路
16km/25分
近江
八幡
大津
守山
国道421号
6.6km/12分
東近江
(八日市)
湖岸道路
22km/30分
甲賀
(信楽)
県道43号〜16号
30km/40分

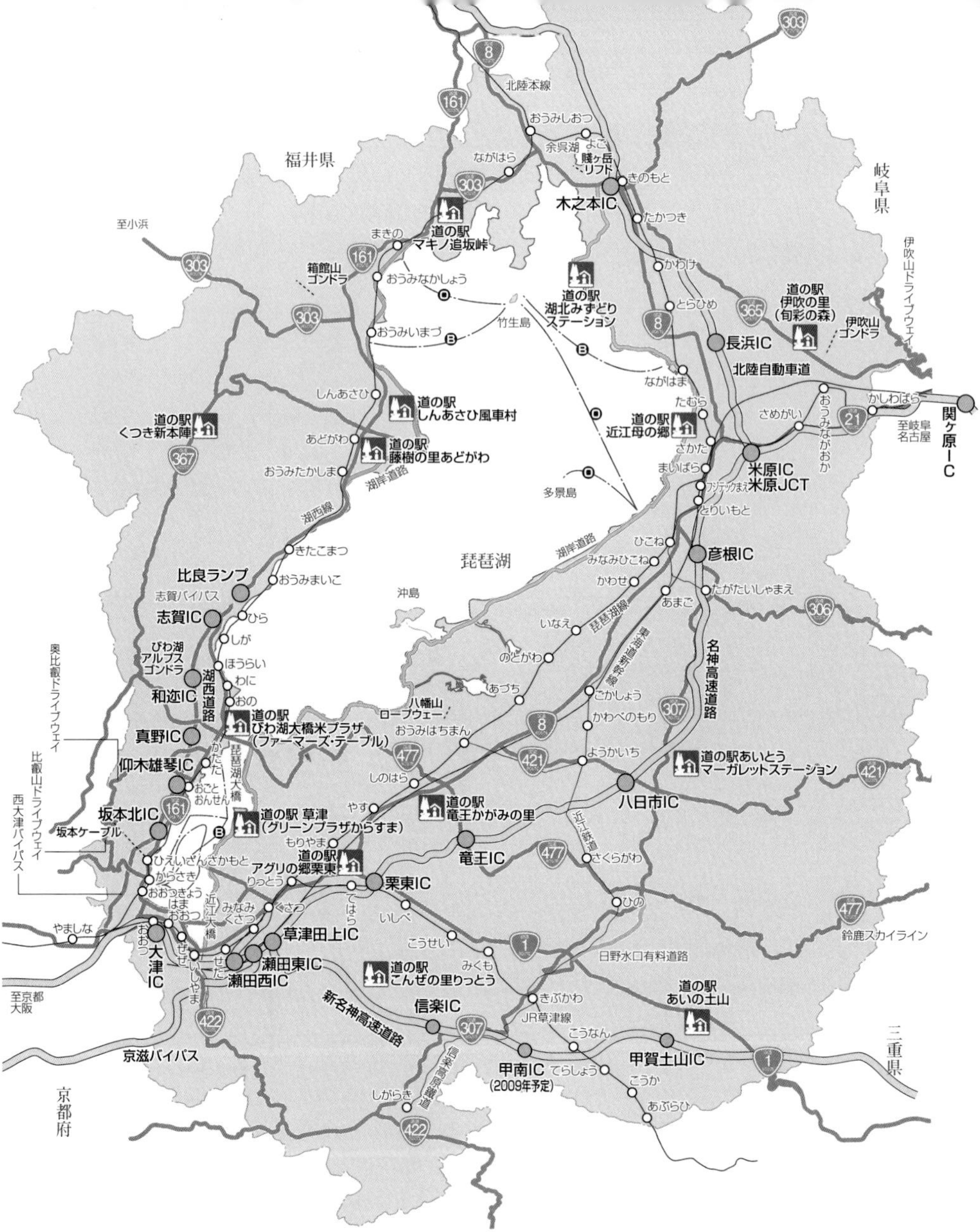

道の駅

びわ湖大橋米プラザ（ファーマーズ・テーブル）	☎077-572-0504	伊吹の里（旬彩の森）	☎0749-58-0390
草津（グリーンプラザからすま）	☎077-568-1208	近江母の郷	☎0749-52-5177
アグリの郷栗東	☎077-554-7621	湖北みずどりステーション	☎0749-79-8060
こんぜの里りっとう	☎077-558-3858	マキノ追坂峠	☎0740-28-8081
あいの土山	☎0748-66-1244	しんあさひ風車村	☎0740-25-6464
竜王かがみの里	☎0748-58-8700	くつき新本陣	☎0740-38-2398
あいとうマーガレットステーション	☎0749-46-1110	藤樹の里あどがわ	☎0740-32-8460

移動する

観光バス

近江鉄道	☎0749-22-3373
湖国バス	☎0749-22-1210
京阪バス	☎077-522-7556
江若交通	☎077-573-2701
滋賀交通	☎0748-72-1501
帝産観光バス滋賀	☎077-565-8171
滋賀中央観光バス	☎0749-74-2211

タクシー(滋賀県タクシー協会加盟社)

大　津	琵琶湖タクシー	☎077-522-6677
	滋賀ヤサカ自動車	☎077-522-6767
	汽船タクシー	☎077-524-4000
	愛交通	☎077-527-9277
	近江タクシー大津	☎077-537-0106
	大津タクシー	☎077-545-8111
	共立タクシー	☎077-579-2278
	湖西交通	☎077-577-1760
	個人タクシー協同組合	☎077-524-7301
湖　南	帝産タクシー滋賀	☎077-553-0818
(草津·守山·栗東·野洲)	草津タクシー	☎077-553-1211
	草津近江タクシー	☎077-563-0106
	伏見タクシー	☎077-563-5155
	近江タクシー栗東	☎077-552-0106
	滋賀京阪タクシー	☎077-553-1345
	守山タクシー	☎077-582-2590
	近江タクシー守山	☎077-582-0106
	光タクシー	☎077-587-3366
甲　賀	滋賀タクシー	☎0748-86-4181
(湖南·甲賀)	近江タクシー水口	☎0748-63-0106
中　部	近江タクシー湖東	☎0748-37-0106
(近江八幡·東近江·日野)	長命寺タクシー	☎0748-32-2198
	八日市タクシー	☎0748-24-1201
	永源寺タクシー	☎0748-27-1151
	近江タクシー日野	☎0748-52-0106
湖　東	彦根近江タクシー	☎0749-22-0106
(彦根·愛荘·多賀)	彦根タクシー	☎0749-22-4500
	湖城タクシー	☎0749-26-7777
湖　北	さくらタクシー	☎0749-63-1362
(米原·長浜·木之本)	長浜タクシー	☎0749-63-6318
	都タクシー	☎0749-62-6093
	近江タクシー長浜	☎0749-62-0106
	米原タクシー	☎0749-52-4723
	伊香交通	☎0749-82-2135
	滋賀中央観光バス	☎0749-74-2211
湖　西	汽船タクシー	☎0740-32-4000
(高島)	近江タクシー今津	☎0740-22-0106

駅レンタカー

大津駅	☎077-524-7016
草津駅	☎077-565-9052
彦根駅	☎0749-27-0761
長浜駅	☎0749-68-2670
近江八幡駅	☎0748-32-1134

レンタサイクルで(公的機関取り扱い)

野洲市観光案内所	☎077-587-3710
信楽町観光協会	☎0748-82-2345
信楽高原鐵道	☎0748-82-3391
東近江市観光協会五個荘支部	☎0748-48-2100
日野まちかど感応館(日野観光協会)	☎0748-52-6577
米原市役所米原庁舎	☎0749-52-6626
グリーンパーク山東	☎0749-55-3751
醒井水の宿駅	☎0749-54-5353
近江母の郷コミュニティハウス	☎0749-52-5327
御旅所レンタサイクル(長浜市)	☎0749-63-1691
JR河毛駅レンタサイクル	☎0749-78-2280
きのもとまちあんない(JR木ノ本駅構内)	☎0749-82-5135
湖北田園空間博物館総合案内所	☎0749-85-6565
JR余呉駅レンタサイクル	☎0749-86-2291
JR永原駅コミュニティハウスコティ	☎0749-89-0281
JR近江塩津駅 海道·あぢかまの宿	☎0749-88-0989
体験交流施設ランタの館	☎0749-89-0350
マキノ町観光協会	☎0740-28-1188
近江今津駅構内観光案内所	☎0740-22-4201
びわ湖高島観光協会新旭支所	☎0740-25-6464
安曇川駅構内観光案内所	☎0740-32-2464
近江高島駅構内観光案内所	☎0740-36-1314
びわ湖高島観光協会朽木支所	☎0740-38-2398

船で

琵琶湖遊覧·竹生島めぐり·多景島めぐり

琵琶湖汽船	☎077-524-5000
オーミマリン	☎0749-22-0619

瀬田川リバークルーズ

レークウエスト観光	☎077-572-2114

沖島通船

近江八幡駅北口観光案内所	☎0748-33-6061

水郷めぐり·西の湖観光

近江八幡和船観光協同組合	☎0748-32-2564
島真珠水郷観光船部	☎0748-32-3527
びわ湖観光株式会社	☎0748-32-2131
まるやま水郷めぐり観光	☎0748-32-2333
安土西の湖観光	☎0748-46-4234

ケーブル·ロープウェー·ゴンドラで

坂本ケーブル	比叡山鉄道	☎077-578-0531
びわ湖アルプスゴンドラ	びわ湖バレイ	☎077-592-1155
八幡山ロープウェー	八幡山ロープウェー	☎0748-32-0303
伊吹山ゴンドラ	ピステジャポン伊吹	☎0749-58-0303
賤ヶ岳リフト	賤ヶ岳リフト	☎0749-82-3009
箱館山ゴンドラ	箱館山スキー場	☎0740-22-2486

憩う

温泉・入浴施設で

■ 県南部

所在地	施設名	日帰り入浴の可否	料金など	電話番号
大津市	おごと温泉	旅館によっては可		☎077-578-1650(雄琴温泉観光協会)
	びわ湖温泉	食事の場合、可		☎077-524-8111(旅亭紅葉)
	石山温泉	旅館によっては可		☎077-537-1105(石山観光協会)
	南郷温泉	旅館によっては可		☎077-537-1255(南郷温泉二葉屋)
	ニューびわこ健康サマーランド	日帰りのみ	平日1,260円 土日祝日1,780円	☎077-544-0525
	比良とぴあ	日帰りのみ	600円	☎077-596-8388
湖南市	十二坊温泉ゆらら	日帰りのみ	600円	☎0748-72-8211
甲賀市	かもしか温泉	日帰り可	400円	☎0748-69-0344(国民宿舎かもしか荘)
	やっぽんぽんの湯	日帰り可	550円	☎0748-68-0211(ダイヤモンド滋賀)
	花風香の湯	日帰りのみ	800円	☎0748-88-7000
	塩野温泉	食事の場合、可		☎0748-86-2130
	宮乃温泉	日帰り可	800円	☎0748-86-2212
	信楽温泉 多羅尾乃湯	日帰り可	平日1,000円 土日祝日1,500円	☎0748-85-0250(ホテルレイクヴィラ)
	小川亭	日帰り可	800円	☎0748-82-0008

■ 県東部

所在地	施設名	日帰り入浴の可否	料金など	電話番号
近江八幡市	宮ヶ浜の湯	日帰り可	大人700円小人300円 水曜･夏休み期間･年末年始休	☎0748-32-3138(休暇村近江八幡)
東近江市	近江温泉	日帰り可	700円	☎0749-46-1201(近江温泉 湖東ホテル)
彦根市	千乃松原温泉	日帰り可	800円	☎0749-22-8090(かんぽの宿 彦根)
竜王町	蒲生野の湯	日帰り可	平日大人600円小人300円 土日祝大人800円小人400円 第3水曜日(祝日の場合は翌日)休	☎0748-57-1426

■ 県北部

所在地	施設名	日帰り入浴の可否	料金など	電話番号
米原市	ジョイいぶき (伊吹薬草の里文化センター)	日帰りのみ	300円	☎0749-58-0105
長浜市	長浜太閤温泉	旅館によっては可		☎0749-64-2000(長浜ロイヤルホテル) ☎0749-62-1111(浜湖月) ☎0749-62-0144(国民宿舎豊公荘)
	須賀谷温泉	日帰り可	1,000円	☎0749-74-2235
湖北町	尾上温泉 紅鮎	食事の場合、可	食事:6,000円～ 別途入浴料:750円	☎0749-79-0315
高月町	北近江の湯	日帰りのみ	平日900円 土日祝日1,200円	☎0749-85-8888(北近江リゾート)
木之本町	己高庵	日帰り可	500円 第1･3月曜日休	☎0749-82-6020
	しずがたけ光明石の湯	日帰り可	1,575円	☎0749-82-4127(想古亭源内)
	奥びわこ天然石温泉	日帰り可	800円	☎0749-82-2233(鈴乃や清泉閣)
西浅井町	体験交流施設ランタの館	日帰り可	入浴料:500円	☎0749-89-0350

■ 県西部

所在地	施設名	日帰り入浴の可否	料金など	電話番号
高島市	宝船温泉	日帰り可	600円	☎0740-32-1293(湯元ことぶき)
	白谷温泉	八王子荘のみ可	500円	☎0740-27-0085(八王子荘)
	マキノ高原温泉さらさ	日帰りのみ	600円	☎0740-27-8126
	くつき温泉てんくう	日帰り可	600円	☎0740-38-2770(グリーンパーク想い出の森)

観光案内

県全域で

びわこビジターズビューロー	☎077-511-1530
淡海観光ボランティアガイド連絡協議会（滋賀県商業観光振興課内）	☎077-528-3741

県内各地で

■ 県南部

びわ湖大津観光協会	☎077-528-2772
志賀観光協会（大津市）	☎077-592-0378
草津市観光物産協会	☎077-566-3219
守山市観光協会	☎077-582-1131
栗東市観光物産協会	☎077-551-0126
野洲市観光物産協会	☎077-589-6316
湖南市観光物産協会	☎0748-71-2331
甲賀市観光協会	☎0748-65-0708
信楽町観光協会（甲賀市）	☎0748-82-2345
甲南町観光協会（甲賀市）	☎0748-60-2690
甲賀町観光協会（甲賀市）	☎0748-88-4102
水口町観光協会（甲賀市）	☎0748-65-0708
土山町観光協会（甲賀市）	☎0748-66-1102

■ 県東部

近江八幡観光物産協会	☎0748-32-7003
東近江市観光協会	☎0748-24-5662
東近江市観光協会八日市支部	☎0748-24-5662
東近江市観光協会永源寺支部	☎0748-27-0444
東近江市観光協会五個荘支部	☎0748-48-2100
東近江市観光協会愛東支部	☎0749-46-2264
東近江市観光協会湖東支部	☎0749-45-3706
東近江市観光協会蒲生支部	☎0748-55-4882
東近江市観光協会能登川支部	☎0748-42-9913
竜王町観光協会	☎0748-58-3715
日野観光協会	☎0748-52-6577
安土町観光協会	☎0748-46-7049
愛荘町愛知川観光協会	☎0749-42-7683
愛荘町秦荘観光協会	☎0749-37-8051
多賀町観光協会	☎0749-48-2361
甲良町観光協会	☎0749-38-5069
豊郷町観光協会	☎0749-35-8114
彦根観光協会	☎0749-23-0001

■ 県北部

米原観光協会	☎0749-58-2227
長浜観光協会	☎0749-62-4111
湖北町観光協会	☎0749-78-1001
虎姫町観光協会	☎0749-73-4850
高月町観光協会	☎0749-85-6405
木之本町観光協会	☎0749-82-5909
余呉町観光協会	☎0749-86-3085
西浅井町観光協会	☎0749-89-1121

■ 県西部

マキノ町観光協会（高島市）	☎0740-28-1188
びわ湖高島観光協会	☎0740-25-6010
びわ湖高島観光協会今津支所	☎0740-22-2108
びわ湖高島観光協会新旭支所	☎0740-25-6464
びわ湖高島観光協会安曇川支所	☎0740-32-1002
びわ湖高島観光協会高島支所	☎0740-36-8135
びわ湖高島観光協会朽木支所	☎0740-38-2398

編　　集：近江路花歩きの会（滋賀植物同好会プロジェクトチーム）

執筆・撮影：青山喜博　出雲孝子　上田　収　大谷一弘　岡田明彦
長　朔男　河村則英　菊池　彬　木村達雄　小山靖二
武田栄夫　田村博志　富長妙議　中川信子　中村和正
西久保公成　西村慶一　蓮沼　修　森小夜子　渡部壽子
和田義彦

協　　力：引接寺　百済寺　金剛輪寺　龍潭寺　中村かほる　渡部博子
びわこビジターズビューロー

※本書に掲載した地図は、国土地理院長の承認を得て、同院発行の数値地図25000（地図画像）を複製したものです。（承認番号　平19総複、第804号）

滋賀植物同好会

1984年（昭和59）11月3日、湖南アルプス・笹間ヶ岳の第1回例会で産声をあげ、翌年1月、第1回総会を開いて正式に発足しました。以来、県内を中心に250回におよぶフィールドワーク（植物を中心とした自然観察会）を実施するとともに、『びわ湖グリーンハイク』（1994）、『びわ湖フラワーハイク』花木篇、草花篇（1996、1997）、『近江植物歳時記』（1998）〔以上、京都新聞社刊〕、淡海文庫17『近江の鎮守の森』（2000）、別冊淡海文庫12『近江の名木・並木道』（2003）〔以上、サンライズ出版刊〕などの本を出版してきました。草木に興味がある人はもちろん、野山歩きや自然との語らいが好きな人は、私たちといっしょに「花歩き」してみませんか。

連絡先　〒520-2342 野洲市野洲175-8　蓮沼　修（会長）　TEL.077-587-0461

近江 旅の本
近《おう》江《み》路《じ》花《はな》歩《ある》き　花を楽しむ日帰り健康ハイク

2008年3月10日　初版　第1刷発行

編　集　近江路花歩きの会
発行者　岩根順子
発行所　サンライズ出版
〒522－0004
滋賀県彦根市鳥居本町655－1
TEL　0749－22－0627
FAX　0749－23－7720

印刷･製本　P-NET信州

ISBN978-88325-356-2